DAS
KAFFEE
— BUCH —

DAS KAFFEE — BUCH —

XENOS-Verlagsgesellschaft mbH, Hamburg

DAS KAFFEE BUCH
JACKI BAXTER

ISBN 3-821-0664-0

Verlag und Herausgeber für die deutsche Ausgabe:
XENOS-Verlagsgesellschaft mbH, Am Hehsel 42, 2000 Hamburg 63

Umschlaggestaltung: Atelier Bernd Receveur, Hamburg
Übersetzung: Luzia Czernich, Haimhausen
Art Director Peter Bridgewater
Redaktion Polly Powell

Printed in Germany

Inhalt

Jenseits der Bohne

Kaffee sollte so schwarz wie die Hölle, stark wie der Tod und süß wie die Liebe sein.«
Türkisches Sprichwort

Im Zeitalter des Pulver- oder Instantkaffees und des vakuumverpackten, bereits gemahlenen Kaffees, wie er in jedem Super- und Verbrauchermarkt angeboten wird, sind die Kaffeeinzelhändler — zumindest bei uns in England — ein Kuriosum, ja, fast schon ein Rückschritt. Zur großen Überraschung aller gibt es sie aber noch, und diese Geschäfte scheinen sogar zu florieren. Mein Lieblingsladen hat außen die traditionelle Holzfassade mit dem Namen des Inhabers in Goldlettern über dem Schaufenster, in dem verschiedene Teesorten, Gebäck und andere feine Delikatessen arrangiert sind. Links im Fenster steht eine alte Kaffeeröstmaschine, oben am Fenster befindet sich eine Abzugsöffnung, aus der der köstliche, aromatische Rauch vom Rösten der Kaffeebohnen strömt und auf die betriebsame Straße geweht wird. Natürlich zieht der Duft den ganzen Tag über einen Strom von Kunden an. Wenn nicht diese Betriebsamkeit wäre, könnte man sich in einem Kaffeemuseum wähnen, denn hier drin sieht es aus wie vor achtzig Jahren.

Innen ist alles dunkel gestrichen. Hinten, bei einer Durchreiche, sitzt der Kassierer. Der Fußboden besteht aus blanken Holzbrettern. Die linke Wand nimmt ein Regal ein, vollgestopft mit Päckchen, Dosen und Gläsern. Am Boden gegen die Wand gelehnt stehen Säcke mit grünen Kaffeebohnen, meist Mischungen: Kenia, Algerien, Jamaica, Blue Mountain, Mokka und viele mehr. Auf der rechten Seite erstreckt sich über die ganze Länge eine Verkaufstheke aus Mahagoni, auf der altmodische Waagen stehen. Dahinter befinden sich in einem Regal eine Anzahl von Päckchen, die mit bereits gerösteten Kaffeebohnen gefüllt sind.

Der Besitzer und seine Familie betreiben das Geschäft, und sie sind Kenner. Gern unterhalten sie sich mit den Kunden über Mischungen und Röstverfahren. Wie konnte dieses Spezialgeschäft überleben, wenn so viele andere längst verschwunden sind? Das liegt einerseits in dem geschickten Management dieses Familienbetriebes, aber auch in der Beliebtheit von traditionell geröstetem und gemischtem, echten Kaffee. Vor hundert Jahren gab es solche Spezialgeschäfte in fast jedem größeren Dorf und in jeder Stadt, und die Routine des Röstens und Mahlens der Bohnen war Teil des täglichen Lebensryhtmus.

Schließlich ist Kaffee das beliebteste Getränk der Welt und wird in den verschiedensten Zubereitungsarten genossen. Bekommt man irgendwo eine Tasse Kaffee gereicht, so ist dies mehr als nur ein angebotenes Getränk, es ist eine Geste der Freundschaft.

Während seiner langen und ereignisreichen Geschichte wurde der bescheidene Kaffee beliebt und gehaßt, als Satansgebräu verurteilt, für das einfache Volk verboten, von einem Papst gesegnet, über Ozeane geschmuggelt, von bewaffneten Wächtern beschützt — dies sind nur einige der Mythen und Legenden, die sich um den Kaffee ranken. All das verbirgt sich hinter der Tassee Kaffee, die Sie jeden Morgen mit Genuß trinken, ohne sich dessen bewußt zu sein.

Rechts und rechts oben:
Zwei Beispiele für frühe amerikanische Kaffeeverpackungen von der Woolson Spice Company, Toledo, Ohio und der Foltz Tea and Coffee Company, New Orleans.

Jenseits der Boh

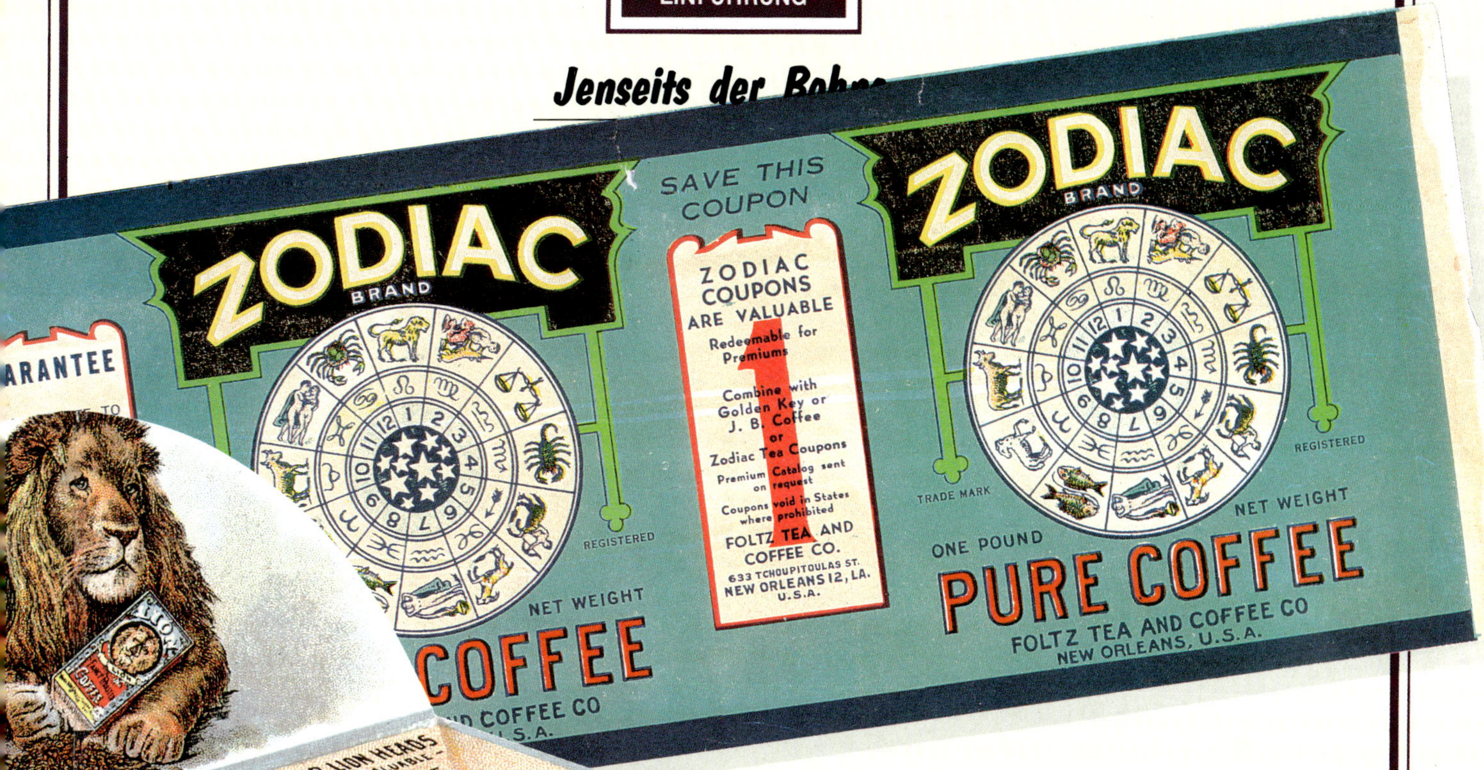

Der weltweite Bedarf an Kaffee ist so groß, daß er zur wertvollsten Ware im Welthandel geworden ist. Von der Menge her, die im Verlauf mehrerer Jahre auf dem Weltmarkt gehandelt wurde, steht der Kaffee — in US-Dollar gerechnet — an 2. Stelle hinter dem Ölgeschäft. Die Nachfrage nach Kaffee ist so groß, daß ein gewaltiger Industriezweig entstanden ist, der etwa 200 Millionen Menschen beschäftigt.

Kaffee ist in Amerika das beliebteste Frühstücksgetränk — ein Drittel des Kaffeexports geht nach Amerika — und das seit Pionierzeiten. Eine beliebte Sorte war in den 1870er Jahren der berühmte Arbuckles Coffee, der schon fertig geröstet in 1-Pfund-Packungen verkauft wurde. Er galt als Willkommensgetränk in den Grenzstädten und während der Trecks.

Lange, nachdem die 5-Cent-Zigarren verschwunden waren, behauptete sich die 5-Cent-Tasse-Kaffee in Restaurants und Speisewagen lange Jahre gegen Inflation und steigende Kosten. In den Jahren 1976 und 1977 stiegen wegen der verheerenden Frostschäden in den brasilianischen Plantagen die Kaffeepreise in nie gekannte Höhen. In der Folgezeit sind sie wieder nach unten gegangen, und eine Tassee Kaffee ist immer noch ein preiswertes Vergnügen. Die sprichwörtliche Kaffeepause hat sich als zivilisierter Beitrag zum täglichen Leben durchgesetzt.

Der größte Konkurrent des Kaffees ist — nicht nur in angelsächsischen Ländern — der Tee. Dabei war der Kaf-

Jenseits der Bohne

fee gerade in England im 17. Jahrhundert, als es dort Kaffeehäuser im Überfluß gab, bedeutend populärer. Erst in den 1950er Jahren erlebte er wieder einen Aufschwung, aber dieser ging vorbei. Während des 2. Weltkrieges hatte der Tee England fest im Griff. Kaffee mußte nicht einmal rationiert werden, so wenig schätzte man ihn, auch wenn die Engländer wegen zeitweiliger Teeknappheit auf Kaffeessenz zurückgreifen mußten. In der Not trinkt eben auch der Engländer Kaffee!

Zurück ins 17. Jahrhundert. Damals waren Kaffeehäuser beliebter Aufenthaltsort für Geschäftsleute, die dort in Ruhe ihre Angelegenheiten besprechen konnten. Manchmal verwandelten sie sich sogar selbst zu privaten Unternehmen. Lloyds Versicherungen, die heutzutage alles versichern bis hin zum Raumschiff, hatten ihre bescheidenen Anfänge in Edward Lloyds Kaffeehaus, das 1668 in London eröffnet wurde. Die Frauen damals sahen es gar nicht gern, daß ihre Männer so viele Stunden im Kaffeehaus zubrachten; fürchteten sie doch, ihr Gemahl könnte vom Kaffeegenuß unfruchtbar werden! Dies ist nicht der einzige Fall, wo der Kaffee zum Streit zwischen den Geschlechtern führte. Früher hatte in der Türkei eine Frau das Recht, die Scheidung zu verlangen, wenn ihr Mann sie nicht an jedem Tag ihrer Ehe mit einem bestimmten Quantum Kaffee versorgte. Heute dagegen ist der Kaffee nicht mehr Ursache zwischen dem Krieg der Geschlechter. Im Gegenteil, manche Romanze hat mit einer Einladung »auf eine Tassee Kaffee« nach einem gelungenen Abend begonnen.

Kaffee ist natürlich nicht nur für seinen köstlichen Geschmack, sondern auch für seine anregende Wirkung bekannt. Dies bemerkten vor allem die Schriftsteller im Verlauf der Geschichte. So wird berichtet, daß Emile Zola geradezu süchtig war nach dem aufputschenden und anregenden Kaffee, ohne andererseits unter möglichen Nebenwirkungen zu leiden. Die stimulierende Wirkung des Kaffees brachte ihn häufig aber auch in Mißkredit. So berichteten Voltaires Ärzt ständig von den Schäden, die der Kaffeemißbrauch im Körper verursache, und behaupteten, seine Wirkung käme der eines Gifts gleich. Worauf Voltaire geantwortet haben soll, daß dies ein sehr langsames Gift sein müsse, denn wenn es stimme, dann hätte er sich schon achtzig Jahre lang vergiftet!

Wer Voltaires Meinung nicht unbedingt teilt und die Wirkung des Koffeins fürchtet, zieht es vor, koffeinfreien Kaffee zu trinken. Obwohl hierbei der Geschmack des »echten« Kaffees fehlt, ist es besser als gar keinen Kaffee zu trinken.

Die Wirtschaft Brasiliens, als einem der größten Kaffeeanbauer der Welt, ist stark abhängig von Kaffee. Aber die Brasilianer mögen den Kaffee auch wegen seines Geschmacks. Mobile Kaffeeausträger versorgen in den betriebsamen Straßen von Rio die Menschen rund um die Uhr mit frischem Kaffee. Morgens trinkt man gern einen Milchkaffee — Halbehalbe, mit viel Zucker. Später ist der *caffezinho* dran, der nur den ganz »Süßen« schmecken dürfte — auf die fast ganz mit braunem Zucker gefüllten Tassen wird tintenschwarzer Kaffee gegossen.

THE LONDON COFFEE-STALL.

[*From a Daguerreotype by* BEARD.]

Auch Musik und Kaffee gehören zusammen. Denken Sie nur an Bachs berühmte »Kaffee-Kantate«. Sie ist nicht nur ein Lobgesang auf das edle Getränk, sondern auch

Jenseits der Bohne

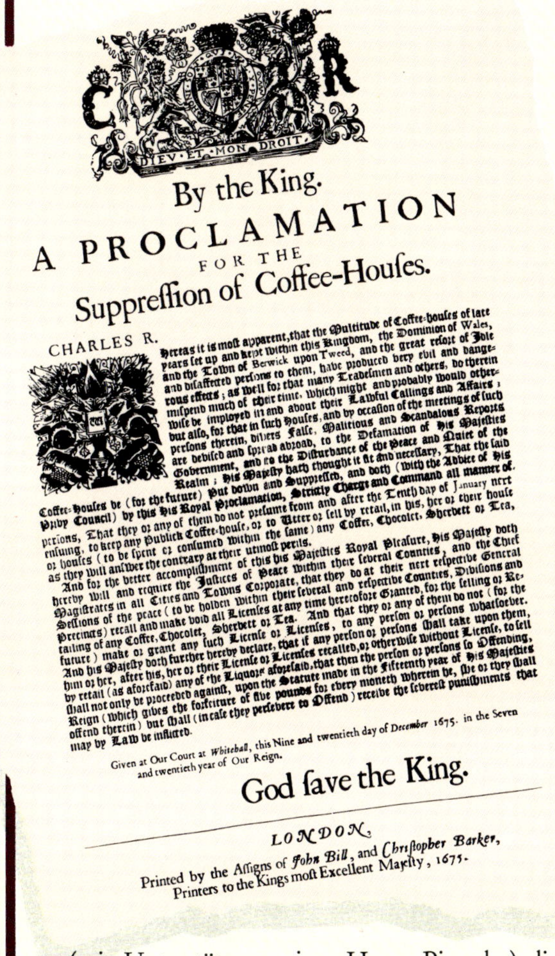

By the King.

A PROCLAMATION FOR THE Suppreſſion of Coffee-Houſes.

CHARLES R.

Whereas it is most apparent, that the Multitude of Coffee-houses of late years set up and kept within this Kingdom, the Dominion of Wales, and the Town of Berwick upon Tweed, and the great resort of Idle and disaffected persons to them, have produced very evil and dangerous effects; as well for that many Tradesmen and others, do therein mispend much of their time, which might and probably would otherwise be imployed in and about their Lawful Callings and Affairs; but also, for that in such Houses, and by occasion of the meetings of such persons therein, divers False, Malitious and Scandalous Reports are devised and spread abroad, to the Defamation of His Majesties Government, and to the Disturbance of the Peace and Quiet of the Realm; His Majesty hath thought it fit and necessary, That the said Coffee-houses be (for the future) Put down and Suppressed, and doth (with the Advice of His Privy Council) by this His Royal Proclamation, Strictly Charge and Command all manner of persons, That they or any of them do not presume from and after the Tenth day of January next ensuing, to keep any Publick Coffee-house, or to Utter or sell by retail, in his, her or their house or houses (to be spent or consumed within the same) any Coffee, Chocolet, Sherbett or Tea, as they will answer the contrary at their utmost perils.

And for the better accomplishment of this his Majesties Royal Pleasure, His Majesty doth hereby will and require the Justices of Peace within their several Counties, and the Chief Magistrates in all Cities and Towns Corporate, that they do at their next respective General Sessions of the peace (to be holden within their several and respective Counties, Divisions and Precincts) recall and make void all Licenses at any time heretofore Granted, for the selling or Retailing of any Coffee, Chocolet, Sherbett or Tea. And that they or any of them do not (for the future) make or grant any such License or Licenses, to any person or persons whatsoever. And his Majesty doth further hereby declare, that if any person or persons shall take upon them, him or her, after his, her or their License or Licenses recalled, or otherwise without License, to sell by retail (as aforesaid) any of the Liquors aforesaid, that then the person or persons so Offending, shall not only be proceeded against, upon the Statute made in the Fifteenth year of His Majesties Reign (which gives the forfeiture of five pounds for every moneth wherein he, she or they shall offend therein) but shall (in case they persevere to Offend) receive the severest punishments that may by Law be inflicted.

Given at Our Court at *Whitehall*, this Nine and twentieth day of *December* 1675. in the Seven and twentieth year of Our Reign.

God ſave the King.

LONDON,
Printed by the Aſſigns of *John Bill*, and *Chriſtopher Barker*, Printers to the Kings moſt Excellent Majeſty, 1675.

Links: Eine Proklamation von Karl II. von England aus dem Jahre 1675. Hierin wurde den Kaffeehäusern der Kampf angesagt, die angeblich Treffpunkte von Dissidenten waren.

Gegenüberliegende Seite: Dieser Londoner Kaffeestand war ein alltäglicher Anblick im späten 19. Jahrhundert.

(mit Unterstützung eines Herrn Pisander) die Verspottung einer deutschen Bewegung, die Frauen vom Kaffeetrinken abhalten wollte, da dieses sie unfruchtbar mache. Beethoven war ebenfalls dem Kaffee freundlich gesinnt, auch wenn er für ihn kein Werk komponierte. Er soll zumindest auf die Kaffeezeremonie großen Wert gelegt und pro Tasse jeweils 60 Bohnen abgezählt haben. Aber auch die Komponisten des 20. Jahrhunderts sind Kaffee-Enthusiasten, wie Bob Dylans »One more cup of coffee for the road« ahnen läßt.

Ebenso variantenreich wie die verschiedenen Sorten sind die Gefäße, in denen Kaffee serviert wird. In Belgien schätzt man große Schalen, die mehr als zwei normale Tassen fassen, für den morgendlichen *Café au lait*. In Laos wird ein schwarzer Kaffee mit viel Zucker und Kondensmilch in kleinen Gläsern serviert. Die libyschen Beduinen kochen ihren Frühstückskaffee auf der Glut einer Kohlenpfanne. Das überraschend schwache Getränk wird in henkellosen Porzellantassen serviert, die wie übergroße Fingerhüte geformt sind. Die Italiener dagegen trinken ihren berühmten *Espresso* aus kleinen Tassen; die schaumige Köstlichkeit *Capuccino* dagegen aus größeren, dickwandigen Tassen.

Welches sind Ihre Favoriten? Welcher Kaffee ist für welche Gelegenheit geeignet? Das ist letztlich eine Geschmacksfrage. Es gibt wieder mehr Kaffeespezialgeschäfte, und die Supermärkte und Lebensmittelgeschäfte haben ihr Angebot stark erweitert. Probieren Sie deshalb so viele verschiedene Mischungen aus, wie sie bekommen können, bevor Sie sich auf eine Sorte festlegen. Wenn Sie sich dann als Kaffeekenner zu erkennen geben, wird man Sie im Spezialgeschäft gern beraten. Vielleicht werden Sie am Ende dazu verleitet, Ihre Kaffeebohnen selbst zu rösten und eigene Mischungen zusammenzustellen.

Wenn Ihnen das alles aber zu »hoch« erscheint, verzweifeln Sie nicht. Dieses Buch hilft Ihnen auf jeden Fall weiter und führt Sie ein in die große, weite Welt des Kaffees. Sie sind nun bereit, in die Welt jenseits der Bohne einzutauchen!

Kaffee in aller Welt

Wenn Phineas Fogg, der Held aus Jules Vernes Roman »In 80 Tagen um die Welt«, jeden Morgen Kaffee getrunken hätte, dann hätte er — so unglaublich es klingt — doch nur eine kleine Auswahl der verschiedensten Mischungen probieren können, die es auf der Welt gibt. Schließlich hatte es ihn ja in alle möglichen und unmöglichen Gegenden verschlagen. Und überall, wohin man auch kommt, meinen die Menschen, daß gerade ihre Art der Kaffeezubereitung die beste ist. Bei den Ländern, die nun aufgezählt werden, können Sie nationale Eigenheiten und Gewohnheiten vergleichen.

HOLLAND/KOFFIE

Die Niederländer waren schon immer clevere Händler, erkannten früh den Handelswert der Kaffeebohne und bauten Kaffee bereits im frühen 17. Jahrhundert auf Java an, den sie in Europa verkauften. So lernten sie sowohl den köstlichen Geschmack der braunen Bohnen, als auch ihren finanziellen Wert schätzen. So verbreiteten sich in den holländischen Ortschaften die Kaffeehäuser sehr schnell, und sie erfreuen sich auch heute noch großer Beliebtheit.

Die von den Holländern bevorzugte Bohne wird langsam zu einer vollen mittleren Stärke geröstet und für gewöhnlich nach der »Tropf-Methode« (siehe Seite 34) aufgebrüht. Wenn Sie in Holland einen Kaffee bestellen, dann trägt man Ihnen bestimmt ein Tablett auf mit einem Kännchen Kaffee, einem kleinen Krug Sahne, Zucker und einem Glas Wasser — nicht zu vergessen, das charmante Lächeln der hübschen Kellnerin.

GRIECHENLAND/KAFES
TÜRKEI/KAVÉ

Der dicke, fast sirupartige Kaffee wird nach der *ibrik*-Methode (siehe Seite 37) zubereitet. Nach altem Ritual muß er dreimal aufgekocht werden und dreimal ziehen. Traditionsgemäß wird dem angesehensten Mitglied der Kaffeerunde zuerst serviert. Die kleinen Tassen werden hierbei nur zur Hälfte gefüllt. An dieser Stelle ein kleiner Hinweis: Der Kaffee muß sich erst setzen. Trinken Sie ihn in winzigen Schlucken, sonst bekommen Sie den Kaffeesatz in den Mund.

FRANKREICH/CAFÉ

Was wäre Frankreich ohne Kaffee? Sogar Bars sind nach ihm benannt. Eine Schale *Café au lait*, in die ofenwarme Croissants getaucht werden, gehören zum französischen Frühstücksritual. Am späten Vormittag greift man dagegen zu kleinen Schwarzen, der in ländlichen Gegenden häufig von einem Schlückchen Alkohol begleitet wird.

Der in Frankreich servierte Kaffee ist unvermischt. Das scharfe Rösten ist in Frankreich beliebt, daher ist der Kaffee auch häufig so bitter. Wird Zichorie hinzugefügt, hat das meist ökonomische Gründe.

Französischer Kaffee wird meist nach der Tropf- oder Filter-Methode zubereitet. Er ist in der Regel klar und aromatisch.

ITALIEN/CAFFÉ

Italien ist ein Land der hingebungsvollen Kaffeetrinker. Am Morgen trinken sie *Caffé latte* aus großen Tassen. Dieser Kaffee ist aus 1/4 starkem Espresso und 3/4 heißer Milch gemischt. Nach dem Mittag- und Abendessen dage-

K… ller Welt

gen wird der Espresso pur genossen. Je nach Geschmack sind die kleinen Tassen mit einem Streifchen Zitronenschale im Kaffee oder um den Rand der Tasse herum garniert.

Für »Zwischendurch« ist der *Cappuccino* immer gefragt. Er hat seinen Namen wegen der farblichen Ähnlichkeit mit den Gewändern der Kapuzinermönche. Cappuccino ist Espressokaffee, der mit heißer Milch vermischt wird, die unter Druck aus einem Syphon gepreßt wird. Manchmal wird geschlagene Sahne darüber gegeben, auf alle Fälle gehören Zimt und Kakao dazu. Für Kaffeeliebhaber, die die Abwechslung suchen, ist Italien der ideale Ferienort. Nirgendwo schmeckt der Espresso besser. Viva Italia!

Marokko/Qahwa

Qahwa wird auf türkische Art (siehe Seite 37) zubereitet, er ist dick, stark und süß. Oft werden Pfefferkörner und Salz hinzugefügt, um das Aroma zu steigern. Das klingt zwar sehr ungewöhnlich — aber probieren Sie es doch aus!

Indien/Coffee

Indien gilt zwar als Land der Teetrinker, aber seine Trinkgewohnheiten sind durchaus geteilt: im Norden trinkt man eher Tee, im Süden dagegen vorzugsweise Kaffee. Dort werden die Bohnen geröstet, fein gemahlen, mit rohem Palmzucker und Wasser vermischt und dann erhitzt, bis der Kaffee kocht. Erst zum Schluß wird die Milch untergerührt.

Oben links: Eine typische Kaffeehaus-Szene. Die Gäste betrachten ihre Umgebung, während sie ihren Kaffee trinken.

Oben rechts: Diese mobile Kaffeemaschine aus Nordafrika braut eine Art türkischen Kaffee.

Gegenüberliegende Seite: Die Franzosen benennen viele Bars nach ihrem nichtalkoholischen Lieblingsgetränk.

Kaffee wird den ganzen Tag über gereicht, entweder separat oder als Ergänzung zu der Vielfalt scharfer vegetarischer Gerichte, für die der Süden bekannt ist. Das Mittagessen — die Hauptmahlzeit im Süden Indiens — wird stets mit einer Tasse Kaffee abgeschlossen. Des Engländers Tea-Time ist des Inders Coffee-Time, zu den Getränken werden hier allerdings pikante und würzige Snacks serviert, aromatisiert mit den edelsten Spezereien Asiens.

Sowjetunion/Kofé

Erst ziemlich spät sind die Russen zum Kaffee »bekehrt« worden. In den Haushalten regiert immer noch der Samowar mit dem ständig brodelnden Tee. Kaffee trinkt man hier, wie den Tee, mit einer Scheibe Zitrone.

Finnland/Kahvi

Die Finnen sollen angeblich die größten Kaffeetrinker der Welt sein. Fünf Tassen täglich pro Kopf sind der

Kaffee in aller Welt

Durchschnitt. Das ist eine ganze Menge. Man sagt den Finnen aber auch nach, daß sie sehr gesellig sind und ausgedehnte Kaffeepartys lieben, bei denen die köstlichsten Süßigkeiten serviert werden.

Einem alten Rezept zufolge soll der Kaffee mit folgender Methode am besten zubereitet werden: Nach der Kannen-Methode (siehe Seite 37) aufbrühen und ein Stück alte Fischhaut hineingeben. Sie bewirkt, daß sich der Kaffee setzt und klar wird. Vor dem Servieren die Haut entfernen, den Kaffee in eine Kanne umgießen und wie gewohnt mit Sahne, Milch und Zucker servieren.

Japan/Koohii

Japan ist der größte Importeur des *Jamaica Blue Mountain,* der nach Expertenmeinung der beste Kaffee der Welt sein soll. Obwohl für viele eine Tasse Kaffee in einem japanischen Kaffeehaus ziemlich teuer erscheint, ist der Genuß seinen Preis wert. In den lebhaften, geschäftigen Kaffeehäusern trinken die Japaner alle Sorten wie *Espresso, Cappuccino,* Eiskaffee und Kaffee mit Sahne oder Milch.

Der Genuß eines starken Kaffees ist häufig die Krönung bei einem typisch japanischen Dampfbad — zwischen exotischen Pflanzen — ein Born der Gesundheit, der finnischen Sauna ähnlich.

Grossbritannien/Coffee

In der Blütezeit der englischen Kaffeehäuser war der Kaffee jedermanns Lieblingsgetränk, ob reich oder arm. Gerne wurde er mit Wein, Ale, Butter und Gewürzen verfeinert. Eine Renaissance trat in den 1950er Jahren ein, als die typischen italienischen Cafés die Insel eroberten. Aber bald ging das Interesse zurück.

Vielleicht liegt es an den zunehmenden Auslandsreisen der Briten, daß sie sich in den letzten Jahren wieder stärker auf ihre Kaffeetradition besinnen. Immer mehr Leute interessieren sich für Kaffee und seine verschiedenen Zubereitungsarten und sagen der dünnen, wässrigen Brühe ade, welche die Engländer unter dem Namen »Kaffee« zu trinken pflegten. Auf das steigende Interesse an Kaffee hat auch der Handel reagiert und Kaffee-Beutel auf den Markt gebracht, die es auch den Faulsten ermöglichen, Kaffee so einfach wie Tee zuzubereiten.

Das ist zwar keine Kaffeekultur, aber besser als nichts!

USA/Coffee

An dieser Stelle muß den Amerikanern gedankt werden, denn sie haben die Kaffeepause erfunden. Kaffee war in den USA von Anfang an ein patriotisches Symbol und wurde schnell zum nationalen Lieblingsgetränk. Die Kaffeekanne war ein integraler Bestandteil des Goldrausches, und für manchen Cowboy bedeutete die Kaffeeblechtasse so viel wie sein Pferd!

Kaffee wird in diesem riesigen Kontinent auf alle möglichen Arten zubereitet. Am meisten verbreitet ist jedoch die Benutzung des *Percolators,* einer Filtermaschine, die ein heißes, leicht bitteres Getränk liefert. Dazu wird Milch oder Sahne, Zucker oder Süßstoff gereicht. Und das zu jeder Tages- und Nachtzeit.

Kaffee in aller Welt

DEUTSCHLAND/KAFFEE

Was könnte im Land der Kuchen und Torten besser zu diesen süßen Naschereien passen als Kaffee. Die Geschichte des Kaffees war hier recht bewegt, angefangen von der Zeit Friedrichs des Großen, der dem einfachen Volk den Kaffeegenuß verbot, bis hin zur Blüte des Bürgertums, als der tägliche Kaffeeklatsch in der »guten Stube« zur ständigen Einrichtung wurde. Ganz so ist es nicht mehr, aber zumindest am Sonntagnachmittag gehört das Kaffeetrinken bei vielen einfach dazu. Häufig wird dann selbst gebackener Kuchen aufgetischt. So eine Kaffeerunde kann sich leicht bis in den Abend hineinziehen.

In Deutschland hat sich in den letzten Jahrzehnten die Filter-Methode durchgesetzt. Eine Kaffeemaschine gibt es in nahezu jedem Haushalt.

Links: Ein Freiluftcafé in Algerien, nicht unähnlich denen, die man noch heute in Nordafrika findet.

Rechts: Wie sich der Fotograf einen typisch deutschen »Kaffeeklatsch« vorstellt.

Gegenüberliegende Seite: Ein Etikett der Firma Franz Herden, auf dem auf Herdens Geschäft »Zum goldenen Fassl« hingewiesen wird.

Geschichte

Viele Märchen, Legenden und Erzählungen umgeben das Rätsel der Entdeckung des Kaffees. Eine Geschichte, die von den Historikern favorisiert wird, ist die von Kaldi, einem abessinischen Ziegenhirten. Kaldi bemerkte eines Tages beim Hüten seiner Herde, daß die normalerweise sehr fügsamen Ziegen plötzlich außergewöhnlich lebhaft geworden waren. Er stellte fest, daß die Tiere die leuchtend roten Beeren von einer Pflanze abknabberten. Er probiert selbst davon und stellte nach einer Weile zu seiner Verblüffung fest, daß er sich selbst außergewöhnlich beschwingt und lebhaft fühlte. Davon überzeugt, ein Wunder erlebt zu haben, eilte er aufgeregt in das Kloster des Dorfes, erzählte dem Abt, was er erlebt hatte und zeigte ihm einige dieser Beeren. Der Abt vermutete ein Teufelswerk und warf die Bohnen ins Feuer. Als plötzlich ein aromatischer Duft durch den Raum zog, glaubte der Abt an Gottes Werk und ließ die Bohnen eiligst aus dem Feuer harken. Sie wurden mit Wasser vermischt, damit alle Mönche an dem Wunder teilhaftig sein konnten.

In Arabien und Abessinien wuchs Kaffee wild und wurde von den herumziehenden Stämmen gegessen, die die stimulierende Wirkung der Beeren entdeckt hatten. Die reifen Früchte der Pflanze wurden zerquetscht, mit Tierfett vermengt und zu Kugeln geformt. Diese führten sie mit sich und aßen sie in bestimmten Abständen auf ihren langen Reisen. Später übergoß man die Beeren mit kaltem Wasser und ließ sie darin ziehen. Dieser Sud — der Vorläufer unseres Kaffees — wurde dann getrunken. Das Zerstoßen der Beeren kam erst später und nicht vor 1000 vor Christus auf, als die Araber entdeckten, wie Wasser gekocht wird. Kaffee war nun ein heißes Getränk.

Die Popularität des Kaffees breitete sich rasch aus. Kein Wunder, daß die Araber sehr stolz — und auch eifersüchtig — auf das von ihnen »erfundene« Getränk waren. Sie hüteten das Geheimnis seiner Zubereitung sorgfältig, aber bei der Masse von Pilgern, die von nah und fern in ihr Land kamen, war es unvermeidbar, daß dieses Geheimnis nicht länger eines blieb. So mancher Pilger, der von dem Kaffeegenuß angetan war, schmuggelte keimfähige, grüne Bohnen aus dem Land, und bald fand man in allen umliegenden Ländern blühende Kaffeebäume. Es dauerte nicht lange, bis Baum und Getränk auch in entfernteren Gegenden Verbreitung fanden. Damit war das Monopol der Araber endgültig gebrochen!

Im 13. Jahrhundert gehörte der Kaffee in Arabien zum täglichen Leben. Zu dieser Zeit entstanden in dieser Gegend in Städten und Dörfern die Kaffeehäuser, genannt *qahveh khaneh,* auf. Und da der Kaffee immer populärer wurde, wurden es auch immer mehr. Solch ein Haus war mit Leben erfüllt. Es gab Musik und Spiele, und die Atmosphäre war völlig entspannt und »privat«. Hier versammelten sich gleichermaßen Philosophen, Politiker und Geschäftsleute, um die Tagesereignisse zu besprechen und Ideen auszutauschen. Diese Aktivitäten waren den Herrschern in dieser Zeit gar nicht recht, befürchteten sie doch, daß in den Kaffeehäusern Verschwörungen und Intrigen ausgeheckt wurden. Dreimal versuchten sie, die Kaffeehäuser zu verbieten und schließen zu lassen — und jedesmal vergebens. Die Häuser, die dort herrschende Atmosphäre und der Kaffee selbst waren zu beliebt. So etwas ließ sich nicht einfach verbieten! Mit der Zeit wurde das Kaffeetrinken dann auch eine Privatangelegenheit und entwickelte sich innerhalb der eigenen vier Wände zu einer komplizierten Zeremonie.

Eine botanische Abbildung der Kaffeepflanze *(Coffea arabica).*

Geschichte

Da sich das Kaffeetrinken im Nahen Osten ausbreitete, wurden viele Reisende und Händler damit bekannt gemacht und trugen natürlich die Kunde davon in ihre Heimatländer. So erreichte die Nachricht über dieses neue köstliche Getränk bald Europa. Die erste Kaffeelieferung traf 1615 aus der Türkei kommend in Venedig ein. Bald wurde das Getränk auch in Rom bekannt, wo es wieder einmal von der Geistlichkeit als Teufelszeug verdammt wurde. Die Wellen der Emotion schlugen so hoch, daß Papst Clemens VIII. nach einer Probe des Gebräus sandte, um die Angelegenheit ein für allemal zu erledigen. Ein Schlückchen aber offenbarte ihm, wie köstlich Kaffee ist. Er erkannte, daß es töricht wäre, Kaffee für immer aus der christlichen Welt zu verbannen. So segnete er ihn auf der Stelle. Mit der päpstlichen Zustimmung stand der Verbreitung des Kaffeekonsums in Italien nichts mehr im Wege, und es dauerte nicht lange, bis auch in Europa die ersten Kaffeehäuser eröffnet wurden.

Kaffeeernte in Brasilien im Jahr 1823.

Der erste belegte Hinweis auf Kaffee in England stammt aus dem Jahre 1637, als ein türkischer Jude namens Jacob in Oxford ein Kaffeehaus eröffnete. Bald darauf wurde von einem Pasqua Rosee, ein griechischer oder armenischer Immigrant, in der britischen Hauptstadt das erste Kaffeehaus aufgemacht. Und es dauerte gar nicht lange, da fand man in vielen englischen Städten sogenannte »Coffee Houses«. Sie waren leicht zu erkennen — einerseits am köstlichen Aroma des frisch gerösteten Kaffees, andererseits an ihren bunten Reklameschildern an der Tür, auf denen meist ein türkischer Kaffeetopf oder ein Sultanskopf prangte. Die Kaffeehäuser in der Nähe von Universitäten wurden vor allem von den Studenten besucht und erhielten bald den Namen »Penny University«. Man sagte, für einen Penny, den Preis für eine Tasse Kaffee, könnte sich ein Studiosus mehr Wissen aneignen als bei der Lektüre gelehrter Bücher zusammen. Inwieweit dies zutraf, läßt sich nicht feststellen, aber daß noch heute in der Nähe von Unviersitäten — und nicht nur in England — die meisten Cafés zu finden sind, ist eine unbestreitbare Tatsache.

Bis ins späte Jahrhundert hinein kam der meiste Kaffee aus Arabien. Dieses Monopol versuchten die Araber dadurch abzusichern, daß sie die Ausfuhr von ungerösteten und vor allem keimfähigen Bohnen unter Strafe stellten. Entsprechend war es Ausländern auch strengstens untersagt, die einheimischen Kaffeeplantagen zu besichtigen. Nachdem die Nachfrage das Angebot überstieg, war es nur eine Frage der Zeit, bis die strenge Kontrolle durchbrochen werden konnte, um auch an dem Kaffeegeschäft teilhaben zu können. Nach zahlreichen fehlgeschlagenen Versuchen gelang es schließlich holländischen Spitzeln, Pflanzen aus Arabien zu stehlen. Bald darauf begannen die Holländer in ihrer Kolonie Java äußerst erfolgreich mit dem Kaffeeanbau. In holländischen Treibhäusern wurden die jungen Pflanzen aufgezogen und von hier frei über ganz Europa verteilt. Die arabischen Ländern waren von nun an nicht mehr die Nummer Eins im Kaffeeanbau.

1723 beschloß ein forscher, junger Kapitän der französischen Flotte namens le Clieu während eines Heimaturlaubs in Paris, eine Kaffeepflanze mit in seine Garnison auf Martinique zu nehmen. Er stahl einen besonders kräftig aussehenden Keimling und schmuggelte ihn heimlich auf sein Schiff. Wie konnte er ahnen, welche Gefahren er damit heraufbeschwor. Nach zwei Tagen auf See versuchte ein holländischer Agent heimlich die Pflanze mit verseuchtem Wasser zu vergiften. De Clieu konnte den »Saboteur« allerdings auf frischer Tat ertappen. Später wurde das Schiff von Piraten bedrängt, konnte entkommen, geriet aber — nur eine halbe Tagesreise von seinem Ziel entfernt — in einen schweren Sturm. Als auch diese Gefahr vorüber war, konnte der Kapitän seinen Setzling endlich in die feuchte, fruchtbare Erde von Martinique pflanzen. Drei Männer hatten die Pflanze Tag und Nacht zu bewachen. Alles geriet jedoch zum Besten, und de Clieu wurde für seine Mühen reich belohnt. Sein kräfti-

Geschichte

Das »Café de Patriotes«, ein französisches Kaffeehaus, war während der Französischen Revolution, ein stark frequentierter Ort.

ger Setzling gedieh und vermehrte sich mit unheimlicher Gechwindigkeit, so daß es 1777 18 Millionen Kaffeebäume auf der Insel gab.

Bei einem Grenzstreit zwischen den rivalisierenden Kaffeeproduzenten Holland und französisch Guyana gelang es Brasilien, einige der kostbaren Kaffeepflanzen zu erwerben. Als das Land bei diesem Streit um Vermittlung gebeten wurde, sandte man einen jungen Offizier namens Palheta an den Ort des Geschehens. Der tüchtige Senhor schlichtete nicht nur den Streit, sondern verführte auch die Frau des Gouverneurs und erhielt von ihr ein paar der begehrten Kaffeesetzlinge. Bei einem Bankett zu Ehren Palhetas überreichte sie ihm einen Blumenstrauß, der allerdings mit Kaffeebaumsetzlingen versetzt war, die Brasilien so begehrte. Das waren die Anfänge eines der größten Kaffee produzierenden Länder der Erde!

Nach Nordamerika kam der Kaffee durch die Holländer, und zwar 1660 in die Stadt namens New Amsterdam. Vier Jahre später übernahmen die Engländer den Ort und benannten ihn in New York um. Zu diesem Zeitpunkt hatte sich das Kaffeetrinken bei der Bevölkerung bereits durchgesetzt und bald das Frühstücksbier verdrängt — zum ewigen Nutzen für die Gesundheit der gesamten amerikanischen Nation!

Die ersten New Yorker Kaffeehäuser entsprachen ihren Londoner Gegenstücken. Sie waren wie moderne Gasthäuser; man konnte Zimmer mieten, es gab Mahlzeiten, man verkaufte Bier, Wein, heiße Schokolade und Tee, und natürlich Kaffee. Die bedeutendsten Häuser besaßen Nebenräume für Veranstaltungen jeder Art bis hin zu Auktionen. Es bürgerte sich ein, daß die Männer ihre Geschäfte in den Kaffeehäusern abwickelten und sich in die eigentliche Gaststube zurückzogen, wenn das Geschäftliche erledigt war.

Am Anfang war in New York der Kaffee nur für die wohlhabenderen Kreise erschwinglich. Auf der anderen Seite war Tee weitaus beliebter, und es gab Zeiten, da er, quer durch alle Gesellschaftsschichten, dem Kaffee weit voraus war. Das änderte sich 1773, als König George von England eine Teesteuer erhob und damit die amerikanischen Siedler gegen sich aufbrachte. Noch wütend wegen der Krise um die Stempelakte von 1763, stürmten Bürger von Boston als Indianer verkleidet die englischen Handelsschiffe und kippten die gesamte Teeladung ins Meer. Dieses berühmte historische Ereignis, bekannt als »Boston Tea Party«, schmiedete das starke Band der amerikanischen Kaffeetrinker noch fester. So wurde der Kaffee bald zum Nationalgetränk — und er ist es heute noch!

Anbau

Alles dreht sich um diese Bohne, die gar keine Bohne ist, sondern der Kern einer kirschähnlichen Frucht; kirschähnlich, aber der Kirsche nicht verwandt. Sie ist die Frucht einer Pflanze, die rings um die Erde in dem tropischen Gürtel zwischen dem 25. nördlichen und dem 30. südlichen Breitengrad wächst und gedeiht.

Die Kaffeepflanze ist so etwas wie ein botanisches Kuriosum, vor allem deshalb, weil sie am erfolgreichsten dort angebaut wird, wo sie wild nicht wächst. Sie liebt einen außergewöhnlichen Boden, der sich aus lockerem Humus, organischen Stoffen und zerfallenem Vulkangestein zusammensetzt. Auf Hawaii gedeiht sie auf vulkanischem Boden, in Brasilien fühlt sie sich in der berühmten roten Erde am wohlsten.

Der Kaffeebaum oder -busch wird bis zu 9 Meter hoch, wird aber meist gestutzt und auf einer Höhe von 1,50 gehalten, da dies günstig für die Ernte ist. Die Pflanze hat dunkelgrüne, glänzende Blätter, die abwechselnd paarweise an den Stengeln wachsen. Ein weiteres Charakteristikum ist die Fähigkeit, das ganze Jahr über gleichzeitig reife und unreife Früchte sowie Blüten zu tragen. Die zarten Blüten duften wie eine Mischung aus Jasmin und Orangenblüten.

Bäume, die aus Setzlingen gezogen werden, benötigen vier bis sechs Jahre, bis sie Früchte tragen. Voll entwickelt, bringen sie Blüten hervor, die bald verwelken. Innerhalb von zwei Monaten erscheinen an ihrer Stelle Trauben von roten Beeren. Diese färben sich mit zunehmenden Reifegrad tiefrot.

Jede Beere ist von einem süßem Fruchtfleisch umhüllt, das normalerweise zwei Bohnen oder Samen enthält. Unter dem Fruchtfleisch liegt die sogenannte Pergamenthaut, und darunter eine weitere Schutzschicht, die Silberhaut. Befindet sich nur eine Bohne oder ein Samen in der Kirsche, spricht man von einer Erbsenbeere, die eine charakteristische runde Form aufweist. Ein durchschnittlicher Plantagenbaum hat eine Lebenserwartung von ungefähr 40 Jahren. Es gibt aber auch Bäume, die mit

Unten: Eine Kaffeeplantage junger Bäume in Kolumbien.
Kleines Bild: Kaffeesetzlinge.

Anbau

hundert Jahren immer noch Früchte tragen. Allgemein heißt es, daß sich ein Baum im Alter von zehn bis fünfzehn Jahren in der »Blüte seines Lebens« befindet. In einem guten Jahr kann ein Kaffeebaum an die 12 Pfund Beeren bringen, was vier bis fünf Pfund Bohnen entspricht.

In verschiedenen Ländern werden unterschiedliche Erntemethoden angewandt. Die Mechanisierung ist noch nicht sehr verbreitet, die optimale Erntemaschine muß wohl erst noch erfunden werden. Die Zeit der Kaffee-Ernte ist eine hektische Zeit. Jeder, der in Frage kommt, wird als Erntehelfer angeheuert, um die Beeren zu pflücken, die an jeder Pflanze zu einer anderen Zeit reifen werden. Deshalb muß jede Pflanze mehrmals aufgesucht werden, um die Beeren dann zu pflücken, wenn sie gerade den richtigen Reifegrad haben.

Es gibt zwei Methoden der Bohnen-Aufbereitung: die »nasse« und die »trockene«. Erstere findet bei Qualitätsbohnen Anwendung, die zweite bei den weniger aromatischen Bohnen, da sie unkomplizierter ist und weniger teure Gerätschaften dafür benötigt werden.

Nasse Aufbereitung

Nach dem Waschen werden die Beeren in Maschinen gefüllt, welche das Fruchtfleisch abquetschen. Dieser Prozeß legt die klebrige, innere Schutzhülle frei, die die Pergamenthaut umgibt. Die Beeren werden dann 12 bis 24 Stunden in Wassertanks eingeweicht. Durch Fermentierung werden letzte Fruchtfleischreste abgelöst. Anschließend wird frisches Wasser über die Beeren gesprüht, bis alle Reste entfernt sind und das Wasser klar bleibt. Die Beeren werden nun auf Matten in der Sonne oder in Trockenmaschinen getrocknet. Zum Schluß entfernt eine Schälmaschine die Pergament- und Silberhaut, und die grüne Bohne kommt zum Vorschein.

Gut gewaschener Kaffee sind zum Beispiel der kolumbianische, Costa Rica- und Kenia-Kaffee.

Trockene Aufbereitung

Drei Fünftel der Welt-Kaffee-Ernte wird mit dieser Methode behandelt, die die älteste und natürlichste Art der Aufbereitung ist. Die Beeren werden gewaschen und dann in dünnen Schichten auf Matten zwei bis drei Wochen der heißen Sonne ausgesetzt. Während dieser Zeit läuft der Fermentierungsprozeß ab. Dabei werden die Bohnen mehrmals durchgerecht, um ein gleichmäßiges Durchtrocknen zu sichern. Anschließend werden sie in eine Art Mühle geschüttet, die das Entfernen der trockenen Pergament- und Silberhaut beschleunigt.

Im Jemen und Äthiopien läßt man die Kaffeebeeren am Baum trocknen und einschrumpfen. Sie bleiben hängen, bis sie von selbst auf zuvor unter den Bäumen ausgebreitete Tücher fallen. Manchmal werden sie von übereifrigen Erntehelferen auch heruntergeschüttelt. Nach dem Durchsieben der Ernte — um Erde, Blätter und Zweige zu entfernen — wird die Trocken-Methode angewandt. Ein begabter Kaffeetester soll am Geschmack des Getränks auf die Aufbereitungsmethode schließen können.

Die polierten, grünen Bohnen werden nun sortiert und in Säcke verpackt, die mit einem Stempel versehen sind, der Aufschluß gibt über die Plantage, die Anbaugesellschaft und die Transportreederei.

Es gibt beim Kaffee zwei Hauptsorten: *Arabica* und *Robusta*.

Oben: Eine Pflückerin von der Elfenbeinküste mit ihrer Tagesernte.
Rechts: Kaffeebohnen werden in Indonesien sortiert.
Kleines Bild: Die Früchte werden in die Luft geworfen, um die Kirschen von Blättern und Zweigen zu trennen.

Anbau

Coffea Arabica
Kaffee Arabica

Diese am häufigsten angebaute Sorte macht etwa 75 Prozent des auf der Welt gehandelten Kaffees aus. *Arabica* wächst am besten an steilen Berghängen, benötigt viel Regen und weiten Schatten, um ihr zum Wachstum zu verhelfen.

Die Bohnen dieser Bäume sind härter als andere, haben aber einen besseren Geschmack — kräftig und aromatisch. *Arabica* besitzt auch die Fähigkeit der Selbstbefruchtung. Dadurch bleibt die Sorte erhalten, es entstehen weniger Mutationen und Varianten.

Die Pflanze liebt gut bewässerten, vulkanischen Boden, zwei Stunden Sonne pro Tag und folgerichtig Schatten. In Äthiopien liefern diese hohe Bäume, in Hawaii besorgen es die Wolken.

Coffea Canephora
Kaffee Robusta

Dieser Busch ist äußerst robust und wächst auch in wesentlich niedrigeren Lagen als der *Arabica*, machmal sogar unterhalb 1000 Metern. Er kommt mit weniger Regen aus und ist gegenüber den meisten Krankheiten resistent. *Robusta* läßt sich gut mit *Arabica* mischen, sein Geschmack steht dem des *Arabica* aber bei weitem nach. Entsprechend ist er auch preiswerter. Das bedeutet, daß billiger Kaffee in der Regel mit 50 Prozent *Robusta* gemischt ist.

Der billigste wird dann wohl nur aus *Robusta* bestehen. Hauptangebaugebiete für *Robusta* sind West-, Zentral- und Ostafrika und Asien.

Oben links: Bei der Naß-Aufbereitung wird das Fruchtfleisch von der Kirsche abgequetscht.
Darunter: In einem Dorf an der Elfenbeinküste werden für die Trocken-Aufbereitung Kaffeekirschen getrocknet.

Rechts oben: Arabica-Bohnen aus El-Salvador (links) und Robusta aus Angola (rechts).
Darunter: Qualiätsprüfung verschiedener Sorten in Kenia.

Anbau

Länder

Verwöhnt von der Vielfalt des Angebots, sollten Sie sich letztlich beim Kaffeekauf von Ihrem eigenen Geschmack leiten lassen. Natürlich gibt es — wie so oft im Leben — auch hier keine festen Regeln, aber vielleicht kann Ihnen bei der Auswahl der folgende Führer ein wenig helfen.

Erstens: Seien Sie wagemutig! Es gibt so viele verschiedene Mischungen, daß Sie bestimmt irgendwann an eine ganz besondere »geraten«. Man kann ja schließlich auch seine Lieblingssorte bevorraten und nebenbei andere Sorten ausprobieren. Zweitens: Suchen Sie sich einen fachkundigen Händler, bei dem Sie sich darauf verlassen können, daß er nur beste Qualität führt. Kaffee ist empfänglich für die Unbilden des Klimas und wird auch beeinflußt von verschiedenen Bodensorten, vom Anbau, dem Pflücken, der Pflege und Lagerung und dem Transport. Es können sogar Bohnen aus dem gleichen Land große Qualitätsunterschiede aufweisen. Ein guter Händler weiß daß, und wird sich um gleichbleibende Qualität bemühen.

So, wie die Weinverkoster ihre Fachbegriffe haben, um den Inhalt in ihrem Glas zu beschreiben, so gibt es auch für Kaffeeverkoster feste Begriffe. Hier ein paar der gebräuchlichsten:

Säure Sie weist nicht notwendigerweise auf den Grad der Säure in der Bohne hin, sondern grenzt den Bereich zwischen süß und sauer ab.

Körper Dies bezieht sich auf das Geschmacksgefühl, wenn die Zunge das Aroma aufnimmt. »Körper« ist gleichbedeutend mit vollem Geschmack und Aroma. Einem wässrig schmeckenden Kaffee fehlt der »Körper«.

Härte Ein unangenehmer Geschmack, »rohem Unkraut verwandt«, wie einmal jemand sagte. »Härte« ist typisch für Robusta-Kaffee. Manche Kaffeetrinker schätzen diese Härte in ihren Mischungen.

Weinig Ein Geschmack, der an den eines gut abgehangenen Fasans erinnern soll. Das »Weinige« kommt von fermentierten Bohnen.

Diese kurze Begriffsbestimmung soll Ihnen helfen, Ihre Wünsche zu präzisieren. Nebenstehende Aufstellung der kaffeeproduzierenden Ländern beschreibt die typischen Merkmale der verschiedenen Sorten.

ANGOLA Meist Robusta-Kaffee. Starker Geschmack, aber wenig Charakter.
BRASILIEN Die beste Bohne ist Bourbon Santos, weich und süß mit mittlerem Körper, ergibt ein gutes Getränk.
KAMERUN 70 Prozent Robusta, 30 Prozent Arabica. Arabica ergibt einen ausgereiften Kaffee.
KOLUMBIEN. Nur Arabica. Der beste ist der Medellin mit wenig Säure und einem vollen Aroma.
COSTA RICA Nur Arabica. Sehr mild mit nussigem Nachgeschmack. Voller Körper und reiches Aroma.
DOMINIKANISCHE REPUBLIK Die Sorte ist als Santos Domingos bekannt. Voller Körper und angenehm süß.
ECUADOR Wohl die höchstgelegensten Arabica-Plantagen. Der Kaffee ist scharf, mit einem holzigen Geschmack, mangelnder Körper.
EL SALVADOR Nur Arabica. Sehr gute Sorten mit feiner Säure und vollem Körper. Mild, aber nicht sehr aromatisch.
ÄTHIOPIEN Hawar ist am bekanntesten. Glatter, starker Geschmack, weinige Schärfe und ein exquisites Aroma.
GUATEMALA Nur Arabica. Gutér Geschmack mit Biß und Würze, trockenes Aroma. Die besten Sorten sind Antiqua und Coban.
HAITI Weich mit milder Süße. Pikant mit vollem Körper.

Länder

HAWAII Am bekanntesten ist in Kona. Starker Geschmack, voller Körper und weich.
INDIEN Am bekanntesten ist Mysore. Voll und stark, guter Körper.
INDONESIEN Heimat des Java. Dicker, weicher Charakter. Schwerer Körper. Gemischt mit Yemeni-Java. Andere gute Bohnen sind Celebes und Sumatra.
JAMAICA Bekannt für Blue Mountain. Außergewöhnlich süß, reich im Geschmack, weich und aromatisch.
JEMEN Am ältesten und bekanntesten ist der Mokka. Ein reicher, fast nach Schokolade schmeckender Kaffee. Glatt und pikant.
KENIA Milder Arabica. Glatter, runder Geschmack, feines Aroma.
MEXICO Arabica mit wundervollem Aroma, neigt zur Schärfe. Beste Sorten sind Coatepec, Jalapa und Pluma.
NICARAGUA Guter Körper, beißende Säure.
PERU Beste Sorte ist Chanchamayo. Mildes Aroma, ausgezeichneter Körper, leicht süß.
PUERTO RICO Süßes Aroma und voller, reicher Körper. Wird nicht exportiert. Im Geschmack ähnlich den französischen und italienischen dunklen Röstungen.
TANSANIA Produziert 2/3 aller Arabica-Kaffees. Reich und weich mit zartem Körper. Exportiert Erbsenbohnen.
VENEZUELA Auf dem Markt als Maracaibo. Volles Aroma, reicher, zarter, weiniger Geschmack.

Eine Auswahl an Kaffeesorten

ROH GERÖSTET GEMAHLEN

Jamaica Blue Mountain (Arabica) ist dreimal so teuer wie andere Sorten, die Erntemenge ist sehr klein. Bei mittelstarker Röstung, filterfein gemahlen, ist er mild und glatt; ideal zum »schwarz« trinken, auch für Milchkaffee-Freunde.

Dieser Nicaragua (Arabica)-Kaffee wurde mittelstark geröstet und normal gemahlen, um ihn in der Kanne aufzubrühen. Dieser Kaffee ist Bestandteil der »Bergmischungen«, hat einen guten Körper und beißende Säure.

Der kolumbianische Medellin Excelso (Arabica) wird mittel bis stark geröstet und für den Perkolator grob gemahlen. Er ist pur oder in kolumbianischen Mischungen erhältlich.

Der brasilianische Santos (Arabica) ist mittelstark geröstet und gemahlen, um in der Kanne aufgebrüht zu werden. Er wird pur oder in Mischungen verkauft, ist glatt und süß, mit mittlerem Körper.

Der dunkel geröstete Santos (Robusta) ist filterfein gemahlen. Er wird nur in Mischungen verwendet.

Ein äthiopischer, mittelstark gerösteter, grob gemahlener Mokka (Arabica) für den Perkolator. Er ist auch der typische türkische Kaffee, dessen glattes, starkes Aroma von Kennern geschätzt wird.

Ein mittelstark gerösteter kenianischer Arabica, normal gemahlen zum Aufbrühen in der Kanne. Diese reine Sorte mit glattem, rundem Geschmack ist bekannt für ihr Aroma.

Kenia Peaberry (Erbsenbohne), mittelstark geröstet und grob gemahlen, ideal für den Perkolator. Ein beliebter Kaffee für alle Gelegenheiten.

Ein Robusta aus Kamerun, stark geröstet und filterfein gemahlen. Er findet in vielen europäischen Mischungen Verwendung.

Indischer Monsoon Malabar (Arabica), dunkel geröstet und filterfein gemahlen. Wird in europäischen Mischungen verwendet und ist der ideale Kaffee nach einem Essen.

Neu Guinea (Arabica), mittelstark bis dunkel geröstet und gemahlen zum Aufbrühen in der Kanne. Beliebter Bestandteil der »Bergmischungen«, wird gelegentlich auch pur verkauft.

Welcher Kaffee?

Reine Kaffeesorten

Unter Kennern sind die »Aristokraten«, die Arabica-Bohnen, am beliebtesten. Der Handel bezeichnet diese Sorten als pur, rein oder original. Das bedeutet in der Regel, daß die Bohnen von einer bestimmten Plantage oder aus einer bestimmten Region stammen (siehe unten). Die Klassifizierung kann aber auch auf eine Mischung von Arabica-Bohnen aus verschiedenen Gebieten eines Landes hinweisen.

Die folgende Aufstellung der bekanntesten puren Kaffeesorten möchte einige der unterschiedlichen Merkmale aufzeigen.

Äthiopischer Mokka Der Name stammt von dem Namen der Original-Kaffeepflanze. Er ist ein glatter, ausgereifter Kaffee mit charakteristischem Aroma, das an das eines abgehangenen Fasans erinnern soll. Sehr gut als Abschluß eines Essens.

Brasilianischer Santos Eine Bohne von hoher Qualität, in der Nähe von Sao Paulo angebaut. Glatt, voller Körper, mit wenig Säure. Erhält ihr Aroma von der sehr eisenhaltigen »roten Erde«.

Costa Rica Ein sehr milder Kaffee mit vollem Körper und nussigem Nachgeschmack. Sehr glatt.

Jamaica Blue Mountain Der teuerste Kaffee der Welt. 98 Prozent der Ernte wird nach Japan exportiert. Die restlichen zwei Prozent werden Mischungen zugesetzt, die alle den Namen »Blue Mountain Blends« tragen. Achten Sie auf Fälschungen. Echte Mountain-Bohnen besitzen ein Zertifikat, z.B. vom Jamaican Coffee Industry Board.

Java Vor dem Rösten gut ausgereift. Einzigartiges, rauchiges Aroma. Gut nach dem Essen.

Kenia Gehört zu den besten Kaffeesorten der Welt. Starker Geschmack, scharfe Säure und feines Aroma. Ein Kaffee mit »Biß«.

Kolumbianischer Medellin Excelso Hat weniger Säure als andere Sorten des Landes. Ein leichter, würziger Kaffee mit vollem Aroma.

Mysore Ein südindischer Kaffee. Reich im Geschmack, oft als »weinig« beschrieben. Voller Körper. Wird mit Mokka gemischt als »Mysore Mokka« angeboten.

Nicaragua Ein idealer Frühstückskaffee. Mild und für viele Mischungen geeignet.

Tansania Kilimandscharo Ein Kaffee mit einem charakteristischen, ausgewogenen Aroma. Stärker als mittelamerikanische Sorten.

Sumatra Dieser Kaffee wird häufig sehr dunkel geröstet. Schweres Aroma und wenig Säure.

Mischen

Mischen ist in der Regel die »Heirat« von Arabica- und Robusta-Sorten. Die Mehrzahl der auf dem Markt angebotenen Kaffees sind eine Mischung aus einer Reihe verschiedener Sorten. Ziel des Mischens ist ein ganz bestimmtes Aroma, das stets aufs Neue erreicht werden kann. Ohne Zweifel ist das Mischen eine Kunst, für den Massenmarkt ebenso wie für den Spezialhändler, deren Ergebnis ein streng gehütetes Geheimnis darstellen. Jede Bohnensorte hat ihre speziellen Stärken und Schwächen. Bei der Mischung verbinden sich verschiedene Charakteristika oder neutralisieren einander. Darin liegt die Kunst des Mischens. Einem Kaffee mit Säure fehlt vielleicht der Körper, einem mit Körper der Geschmack. Bei der Mischung der Bohnen kann man bestimmte Eigenschaften wie Farbe, Aroma, Säure und Körper hervorheben.

Bei einem solchen Spektrum an Auswahlmöglichkeiten empfiehlt es sich zu Anfang, im Kaffeegeschäft nach der Hausmischung zu fragen. Sie enthält wahrscheinlich eine ausgewogene Mischung milder und kräftiger Kaffeesorten, beispielsweise aus Afrika, Brasilien, Kolumbien, Mexico, Mittelamerika und Indonesien. Manche Mischungen bestehen aus vier, andere vielleicht aus zwölf Sorten. Ein Standard läßt sich nicht festlegen, ebenso, wie es keine Spezialmischung gibt. Wenn Sie eine neue Sorte ausprobieren wollen, dann sollten Sie die kleinstmögliche Menge kaufen, um herauszufinden, ob die Sorte auch Ihrem Geschmack entspricht — oder auch nicht.

Welcher Kaffee?

Eine Auswahl beliebter Kaffeesorten. Von oben links im Uhrzeigersinn: Italia Nr. 1; kolumbianischer Medellin Nr. 1, koffeinfrei; Brasilia mild; Java und Kenia.

Die Hausmischungen sind häufig so zusammengestellt, daß sie einem breiten Geschmack entsprechen. Sie könnten bald den Wunsch verspüren, etwas Exotisches zu probieren. Verlangen Sie eine zusätzliche Mischung, zum beispiel eine dunkle oder sehr intensive Röstung. Damit ist der erste Schritt in Richtung Kaffee-Spezialist getan!

Sobald eine gewisse Hemmschwelle überschritten worden ist, sollten Sie sich durch nichts zurückhalten lassen. Wagen Sie etwas, experimentieren Sie mit den Mischungen, die Ihnen zur Verfügung stehen. Und wenn das Ergebnis einmal nicht nach Ihrem Geschmack sein sollte, lassen Sie sich nicht entmutigen. Aus Fehlern lernt man. Das gilt auch für die Fähigkeit, Kafffee auszuwählen. Bald werden Sie ihn selbst mischen wollen. Das klingt schwieriger, als es in Wirklichkeit ist. Durch Probieren werden sie bald in der Lage sein, Körper, Säure und Aroma der verschiedenen Mischungen zu unterscheiden. Ganz Ihrem persönlichen Wunsch entsprechend können Sie dann durch die individuelle Mischung einen Kaffee kreieren, der rund oder schwer und weich, oder leicht sein soll. Für jeden Anlaß haben Sie dann einen speziellen Kaffee.

Sollte Ihrem bisherigen Lieblingskaffee etwas »fehlen«, dann kombinieren Sie ihn mit einer Sorte, die dieses gewisse »Extra« aufweist. Hierzu einige Hinweise:

☞ Fülle und Körper: Sumatra oder Java zugeben.
☞ Süße: Venezuela oder Haiti hinzufügen.
☞ Extra Süße (oder einen intensiven Kaffee abschwächen): einen reifen Java oder Mysore zugeben.
☞ Würze und Aroma: Sumatra, Celebes oder eine kolumbianische Sorte hinzufügen.
☞ Schärfe und Süße: Costa Rica oder einen anderen guten mittelamerikanischen Kaffee zugeben.

Lassen Sie Ihrer Phantasie freien Lauf, aber beachten Sie folgende Regel: Mischen Sie nie sehr gegensätzliche oder sehr ähnliche Sorten. Die auf der nächsten Seite aufgeführten Mischungen sind erprobte Standardmischungen und in jedem guten Fachgeschäft erhältlich. Natürlich ist es nur eine kleine Auswahl aus einem großen Angebot.

Welcher Kaffee?

Frühstück Ideal ist eine Mischung, welche die Stärke afrikanischer Bohnen mit der Milde und dem Körper mittelamerikanischer verbindet. Dieser Kaffee ist etwas für Leute, die sich schwer zwischen mild und kräftig entscheiden können.

Römisch-Neapolitanisch Eine Mischung aus afrikanischem und brasilianischem Santos, auf italienische Art kräftig und dunkel geröstet.

Mokka Java Jedes bessere Spezialgeschäft dürfte Mokka-Java-Mischungen führen. Leider wird auch in einem durchschnittlichen Jahr nicht genügend Java-Arabica und Mokka produziert, um die Nachfrage zu befriedigen. Als guter Ersatz bieten sich eine Mokka-ähnliche Bohne aus Afrika und eine der Java-Sorte verwandte Bohne aus dem malaiischen Archipel an. Auch wenn auf diese Sorte »ausgewichen« werden muß, ist diese Mischung dennoch von hervorragender Qualität.

Feine Hausmischung Sehr gut kann eine Mischung auf der Basis von Costa Rica-Bohnen sein, versetzt mit ein wenig Venezuela-Hochlandkaffee und der Blue Mountain-Sorte aus Jamaica.

Fragen Sie Ihren Fachhändler nach seinem Angebot an reinen Sorten, aus denen Sie Ihre individuelle Mischung zubereiten können. Sie haben die Wahl!

Rösten

Es ist erstaunlich, wie an sich geruchlose Bohnen zum Leben erweckt werden, wenn man sie röstet! Dieser Prozeß reduziert die Feuchtigkeit in den grünen Bohnen, die daraufhin aromatische Öle freisetzen, deren Duft für uns gleichbedeutend ist mit dem Duft von Kaffee!

Vor gut einem Jahrhundert gab es noch keine Großröstereien. Die Bohnen wurden entweder zu Hause oder im Kaffeegeschäft am Ort geröstet, das ein entsprechendes Gerät besaß. Dieses bestand aus einer perforierten Metalltrommel, die sich mit den Bohnen über glühender Holzkohle drehte. Heute wird die Hitzequelle von Gas oder Elektrizität gespeist, jedoch wird auch mancherorts noch die alte Methode angewandt, was durchaus für diese Technik spricht.

Zu Hause röstete man die Bohnen für gewöhnlich über offenem Feuer in einem beliebigen Gefäß, das gerade zur Hand war. Manche Behältnisse wurden als »Kaffee-Brenner« bekannt — was sich wohl mehr auf den Zustand der Bohnen bezog. Als Friedrich der Große dem einfachen Volk den Kaffeekonsum verbot, spürten seine »Kaffeeschnüffler« in Privathaushalten dem Geruch gerösteter Bohnen nach. Durchaus keine schwierige oder unangenehme Aufabe.

Der Anstieg des Kaffeeverbrauchs in den letzten Jahren brachte die Einrichtung von Betrieben mit sich, in denen Bohnen in großem Umfang geröstet und gemischt werden. Dies geschieht mittels riesiger Apparaturen und ausgefeilter Rösttechniken. Hierbei werden die Bohnen für sehr kurze Zeit extrem hohen Temperaturen ausgesetzt, etwa fünf Minuten lang bei 200 bis 260 Grad. Sodann werden sie durch kalte Luft oder kaltes Wasser stark abekühlt, um zu verhindern, daß sie sozusagen »verkochen«.

Mittlerweile ist auch in Großröstereien der Computer eingesetzt worden. Bei einigen der computergesteuerten Röstprozesse dauert das eigentliche Rösten meist nur eine Minute. Das bringt eine höhere Effizienz mit sich, es fragt sich aber, ob die Qualität dabei verbessert wird.

Kaffeefachgeschäfte haben ihre Rösttrommel stets an einem herausragenden Platz installiert, zum Beispiel im Schaufenster. Das hängt nicht nur mit der Ventilation zusammen, sondern ist auch ein raffinierter optischer Blickfang. Zudem lockt der Duft frisch gerösteten Kaffees Kunden und Passanten an, die diesem schwerlich widerstehen können und in der Regel schnell auf ein paar hundert Gramm Mokka Java oder eine andere Sorte »hereinschauen«.

Der Röster trägt in einem solchen Fachgeschäft eine große Verantwortung. Sein Fingerspitzengefühl entscheidet über Erfolg oder Mißerfolg. Nur ein paar Sekunden liegen zwischen einer mittelstarken und einer dunklen Röstung. Es verlangt schon einiges Wissen über das »Innenleben der Kaffeebohne« und gewissermaßen eine Art sechsten Sinn, der dem Röster sagt, wann die heißen Bohnen schnellstens abgekühlt werden müssen.

Es gibt bei der Röstung verschiedene Stadien und Grade. Obgleich die Begriffe verschiedenartig interpretiert werden können, lassen sie sich dennoch verallgemeinern:

Helle oder Blasse Röstung
Zimt-Röstung

Diese Röstung ist für milde Bohnen geeignet und entfaltet voll ihr Aroma und ihren Geschmack. Die Oberfläche der Bohnen ist hellbraun und trocken. Bohnen mit Zimt-Röstung eignen sich besonders für einen kräftigen Frühstückskaffee, der sich sehr gut mit Milch »verträgt«.

Welcher Kaffee?

Mittlere (amerikanische) Röstung

Eine Röstung für alle Gelegenheiten. Sie bringt ein stärkeres, ziemlich süßes und reiches Aroma. Die Bohne wird mittelbraun geröstet und hat eine eher trockene als ölige Oberfläche.

Starke Röstung

Sie dauert ein klein wenig länger als die mittlere Röstung. Die Bohnen sind dunkelbraun und zeigen kein Öl mehr an der Oberfläche. Sie ergeben einen starken, herzhaften Kaffee.

Doppelte Röstung/ »Continental« Röstung

Eine dunkelbraune Röstung mit öliger Oberfläche. Herzhafter als die starke Röstung, mit einem kräftigen, bitteren Geschmack. Für »Schwarz«trinker.

Italienische (Espresso) Röstung

Die dunkelste Röstung, bei der die Bohnen fast schon verbrennen. Die Oberfläche ist glänzend, ölig und schwarz. Die Bohnen lassen sich gut sehr fein mahlen, wie es für Espressomaschinen notwendig ist.

Trockenröstung

Keine richtige Röstsorte, aber eine Methode, bei der die frisch gerösteten Bohnen sich auf natürliche Weise (im Gegensatz zur Wasserkühlung) abkühlen können. Das Lufttrocknen hat den Vorteil, daß das Aroma besser beschützt wird. Dieses Verfahren wird in der Industrie leider nicht angewandt.

Trocken gerösteter Kaffee ist natürlich der beste.

Hausröstung

Abgesehen davon, daß das Rösten zu Hause Spaß macht, erhalten Sie hierbei Bohnen, die gleichmäßig geröstet sind, ohne ausgetrocknet zu sein. Wundern Sie sich beim Kauf von grünen Bohnen nicht, daß die Packung so klein ist. Beim Rösten gehen die Bohnen auf und werden größer.

Man verwendet zum Rösten eine schwere Pfanne und bedeckt den Boden mit einer Schicht grüner Bohnen. Rösten Sie aber nicht zu viele Bohnen gleichzeitig, sie könnten ungleichmäßig gebräunt werden.

»Café du Commerce« ist in Frankreich ein beliebter Name für Cafés, weil sie früher wie heute gern von Geschäftsleuten besucht werden. Manche Cafés entwickelten sich aus Friseurgeschäften, in denen der Kundschaft Kaffee gereicht wurde.

Decken Sie die Pfanne zu, damit das Aroma nicht entweichen kann, und stellen Sie auf mittlere bis hohe Temperatur. Die Pfanne muß ständig gerüttelt, und die Bohnen müssen ständig gewendet werden, damit sie der Hitze gleichmäßig ausgesetzt sind. Wenn sie beginnen, braun zu werden (nicht anbrennen lassen!), geht der Prozeß sehr schnell. Sind sie gut durchgebräunt, eine Bohne aufknacken. Sie sollte leicht zerbrechen und gleichmäßig durchgebräunt sein. Ihre Arbeit war dann erfolgreich. Das Rösten ist keine leichte Sache. Seien Sie deshalb nicht zu ehrgeizig und versuchen Sie es am Anfang mit einer mittelbraunen Farbe.

Die Bohnen jetzt vom Herd nehmen und rasch abkühlen, damit der Röstprozeß abgebrochen wird. Die Pfanne für diesen Zweck auf eine Marmorplatte oder in ein flaches, kaltes Wasserbad stellen.

Sollte Sie der Hausröstungs-»Bazillus« erwischt haben und Sie zu feineren Methoden übergehen wollen, dann sehen Sie sich auf dem Markt nach entsprechenden Geräten um. Sie bestehen aus einer einteiligen Pfanne samt Deckel mit einer Öffnung, einem eingebauten Rührmechanismus und einem Griff, der sich nicht überhitzt. Achten Sie auf ausreichende Lüftung in der Küche. Auch wenn der schwere aromatische Rauch am Anfang angenehm ist, kann er sich doch tagelang in den Räumen halten. Und das ist auf Dauer dann weniger angenehm.

Welcher Kaffee?

Die gerösteten Bohnen bewahrt man am Besten in einem luftdicht verschließbaren Behälter auf. Ganze Bohnen halten sich dreimal so lange frisch wie gemahlener Kaffee, der sein Aroma in spätestens zehn Tagen verloren hat. Ganze Bohnen dagegen büßen erste nach gut drei Wochen allmählich ihr Aroma ein. Sie sollten kühl und dunkel lagern und — wie gesagt — luftdicht verschlossen sein. Ein Glasgefäß mit Gummidichtung ist ideal.

Es ist zwar nicht von großem Vorteil, Kaffee im Kühlschrank aufzubewahren, dagegen aber in der Tiefkühltruhe. Dort halten sie sich mehrere Monate frisch. Sie sollten aber gut verpackt und gegen andere Aromen geschützt sein und ihr Aroma auch nicht an anderes Kühlgut abgeben dürfen. Vor dem Mahlen und Aufbrühen brauchen sie übrigens nicht aufgetaut zu werden.

Mahlen

Für wahre Kaffeefreunde ist das Mahlen der frischen Bohnen ein erhabenes Ritual. Die Grundregel sollte dabei immer beherzigt werden: Mahlen Sie nie mehr Bohnen auf einmal, als Sie gerade benötigen.

Das Mahlen ist neben dem Aufbrühen entscheidend für die richtige Freisetzung der wertvollen aromatischen Öle, die den gemahlenen Kaffee zu dem machen, was er ist. Sofort nach dem Mahlen werden Aroma und Geschmack schwächer, deshalb sollte er wirklich Sekunden nach dem Mahlen schon aufgebrüht werden. Hierbei verlangen die verschiedenen Zubereitungsarten verschieden fein gemahlenen Kaffee. Der Feinheitsgrad ist wichtig, denn er richtet sich nach der Zeitdauer, die das Kaffeepulver bei den unterschiedlichen Zubereitungsarten mit dem heißen Wasser in Kontakt ist.

Verstehen Sie die folgenden Feinheitsgrade als Anleitung für die Benutzung Ihrer Kaffeemaschine.

Pulverisiert Nur geeignet für einen türkischen Kaffee, der in einem *ibrik* zubereitet wird.

Sehr fein Für Filterkaffee. Für Papierfilter sollte der Kaffee nicht pulverfein sein, da er sonst zu lange zieht und bitter wird.

Feiner espresso Für Espressomaschinen, in denen heißer Wasserdampf durch den Kaffee gepreßt wird. Wieder gilt: Nicht zu fein mahlen. Der Kaffee könnte sonst bitter und die Maschine verstopft oder beschädigt werden.

Mittelfein Dieser Kaffee ist vielseitig verwendbar: In der Perkolator-Maschine, der Vakuum-Kaffeemaschine und in der Kanne.

Drei beliebte Arten von Kaffeemühlen: elektrisch *(rechts)* und manuell *(links und Mitte).*

Grob Grob gemahlener Kaffee eignet sich nur für einen Perkolator mit Aluminiumfilter, durch den der Kaffee nach dem Ziehen abgegossen wird. Zu fein gemahlene Bohnen ergeben einen trüben Kaffee.

Kaffeemühlen gibt es in allen Formen und Größen. Die einfachste Form besteht aus Mörser und Stößel, die die Araber bereits vor Jahrhunderten benutzten, als in Europa noch nie jemand etwas von Kaffee gehört hatte. Dieses Verfahren ist extrem langsam und wird kaum den gewünschten Feinheitsgrad erbringen, außer man hat Glück und ist sehr geschickt.

Die Türken entwickelten sehr bald einen automatischen Mahlapparat aus Stahl mit einer Kurbel. Heute unterscheiden sich die einfachsten Kaffeemühlen nicht sehr von denen, die schon im 15. Jahrhundert auftauchten. Die Bohnen werden durch einen Schacht über zwei gewellte Metallscheiben gefüllt, von denen eine starr befestigt und die andere mit einer Handkurbel verbunden ist.

Die meisten Handmühlen sind auf einem Kasten angebracht, in dem sich eine Schublade befindet, die den gemahlenen Kaffee aufnimmt. Kompliziertere, größere Geräte sind an der Wand befestigt und besitzen Stell-

Welcher Kaffee?

schrauben, mit denen der Abstand zwischen den Metallplatten verändert und so die Mahlstärke reguliert werden kann. In den unkomplizierteren elektrischen Mühlen rotieren kleine Messer mit hoher Geschwindigkeit und hacken auf Knopfdruck die Bohnen klein, die durch den entstehenden Luftzug immer wieder aufgewirbelt werden. Man muß nur ab und zu den Knopf loslassen und prüfen, wie fein der Kaffee mittlerweile ist. Diese Maschinen sind praktisch, aber reparaturanfällig und von nicht allzu langer Lebensdauer. Die Handmühlen dagegen funktionieren ein Leben lang. Manche Leute meinen ohnehin, daß es ihnen eine innere Befriedigung schafft, die Bohnen mit der Hand zu mahlen. Das muß nicht unbedingt mit Nostalgie zu tun haben.

Pulver- (Instant) Kaffee

Tee und Kaffee gehörten schon immer zusammen, vor allem auch bei der Entwicklung des Pulverkaffees. Seit den 1860er Jahren bereits hatten die Kaffeefirmen versucht, einen pulverisierten Kaffee für den großen Markt zu produzieren. Doch ohne Erfolg. Alles, was sie zustande brachten, waren entweder dicke Flüssigkeiten oder feste Klumpen. Ein japanischer Chemiker namens Dr. Sartori Kato erfand den Pulvertee und reiste in die USA, um dafür zu werben. 1899 aber zeigten die Amerikaner nur wenig oder gar kein Interesse an Katos Formel für pulverisierten Tee.

Auch die Leute in Chicago hatten an Pulvertee nicht mehr Interesse als andere, doch gab es dort eine Gruppe cleverer Chemiker und Kaffeeröster, die die Möglichkeit erkannten, welche dieses Verfahren bot. Sie drängten Dr. Kato, sich an Kaffeebohnen zu probieren. Und es gelang! Der Pulverkaffee wurde im Jahre 1901 bei der Pan-American Ausstellung dem breiten Publikum zum ersten Mal präsentiert.

Während in Nordamerika das Interesse an Pulverkaffee stark war, lebte in Guatemala City ein schlauer Engländer namens G. Washington. Dieser Mr. Washington bekam jeden Nachmittag im kühlen Schatten seines Orangenhains Kaffee serviert. Eines Tages stellte er fest, daß sich unter der Tülle der Kaffeekanne ein weiches, braunes Pulver abgesetzt hatte. Mr. Washington befeuchtete seinen Finger, strich über das Pulver und kostete. Nach einem Moment des Überlegens wurde ihm plötzlich klar, daß dies natürlich entstandenes Kaffeepulver sein mußte. Entwickelt im Hochgebirgsklima Guatemalas wurde dieses natürliche »Wunder« bald vervollkommnet und von der G. Washington Coffee Refining Company als »Red E Coffee« auf den Markt gebracht. Mr. Washington war offensichtlich nicht nur ein guter Beobachter, sondern auch ein cleverer Geschäftsmann. Seine Kaffeemarke dominierte auf dem Markt von 1910 bis kurz vor Beginn des Zweiten Weltkrieges.

Pulverkaffee wird generell auf zwei Methoden hergestellt: Gefriertrocknen und Sprühtrocknen. Beide Prozesse beginnen mit der Perkolation. Der Kaffee-Extrakt, der aus dem Industrie-Perkolator kommt, hat mit dem selbstgemahlenen Kaffee nur Name und Farbe gemein. Während man aus einem Pfund gerösteter Kaffeebohnen etwa 50 Tassen aufbrühen kann, zieht ein Groß-Perkolator das Äquivalent von etwa 100 Tassen pro Pfund Bohnen heraus. Diese Methode hat allerdings einen großen Nachteil. Der hohe Druck verändert die Molekularstruktur der Bohnen, was den Geschmack und das Aroma negativ beeinflußt. Bohnen für die Herstellung von Pulverkaffee sind meist billigere Sorten und hauptsächlich Robusta-Kaffee.

Bei der Pulverkaffeeherstellung verflüchtigen sich während des Trockenvorgangs das natürliche Aroma und der Geschmack, wogegen ähnliches Aroma und ähnlicher Geschmack, die bei der Perkolator-Hydrolyse und -Extraktion produziert werden, erhalten bleiben.

Um Pulverkaffee herzustellen, wird die Perkolatorflüssigkeit mit einem Zerstäuber verteilt und einen Strom heißer Luft geblasen. Das Wasser verdampft und ein pulverisierter Kaffee-Extrakt bleibt zurück. Die andere Methode, das Gefriertrocknen, wurde in den 1960er Jahren erfunden. Bei dieser Methode erhält man besseren Kaffee, weil er weniger von seinen natürlichen Qualitäten verliert. Gefriertrocknen besteht im Prinzip darin, das in großen Mengen hergestellte Perkolatorgetränk zu gefrieren und ihm mit einer Vakuumpumpe die Flüssigkeit zu entziehen. Bei dem Versuch, dem Pulverkaffee Geschmack und Aroma zurückzugeben, sind durch technische Neuerungen Fortschritte gemacht worden. Dem Pulver oder Granulat werden natürliche Kaffeeöle zugegeben oder Aroma wird als Gas durch das Pulver gepumpt.

Dennoch wird industriell hergestellter Pulverkaffee nie so sein, daß er das Prädikat »Echter Bohnenkaffee« verdient. Auch wenn modernste Methoden ein Aroma hervorbringen, das dem der Produkte vor 20 Jahren haushoch überlegen ist — der echte Kaffeeliebhaber wird einen Pulverkaffee nur dann trinken, wenn ein Ablehnen beleidigend wäre.

Welcher Kaffee?

Koffeinfreier Kaffee

Vor mehr als 150 Jahren wurde Koffein extrahiert und als aktiver Bestandteil im Kaffee identifiziert, der die Ursache seiner berühmten stimulierenden Wirkung ist. Eine gewisse Menge Koffein ist auch in Tee und Schokolade enthalten.

Jeder Mensch hat eine andere Koffeinverträglichkeit, was die unterschiedlichen Trinkgewohnheiten erklärt. Manch einer kann vor dem Schlafengehen eine Tasse Kaffee trinken und dennoch schlafen, sobald sein Kopf das Kissen berührt. Andere würden die ganze Nacht kein Auge zutun können.

Das Ziel des Koffeinentzugs ist es, das Koffein aus den grünen Bohnen zu ziehen, ohne daß das Aroma negativ beinflußt wird, welches sich beim Rösten entfaltet. Koffein ist ein Alkaloid, das in Reinform als winzige kleine Kristalle erscheint. Leider ist koffeinfreier Kaffee im Geschmack nicht so rund und voll, denn durch die verschiedenen Prozesse wie Erhitzen, Einweichen oder Dämpfen geht viel Aroma verloren. Wer aber kein Koffein verträgt, muß sich damit leider abfinden.

Bohnen von bester Qualität enthalten weniger Koffein, dagegen Robusta-Bohnen, die vor allem für Pulverkaffee verwendet werden, stark koffeinhaltig sind. Bei der Bearbeitung der Bohnen werden etwa 97 Prozent Koffein entzogen.

Wie gesagt: Wer kein Koffein verträgt, muß einen kleinen Geschmacksverlust in Kauf nehmen, bevor er ganz auf den Kaffeegenuß verzichtet.

Oben: Ein typisch französisches Kaffeegedeck. Kaffee wird in der Regel schwarz und süß getrunken, gern begleitet von einem Glas Cognac oder Likör.

Aufbrühen

Man kann nicht sagen, daß es eine ganz bestimmte Zubereitungsart gibt, um einen perfekten Kaffee zu brauen. Erstens ist alles eine Geschmacksfrage, und zweitens kann der Kaffee — wie auch immer aufgebrüht — entweder köstlich oder ekelhaft schmecken. Es hängt davon ab, wie sorgfältig er gelagert, gemahlen und angebrüht wurde. Je nach Zubereitungsmethode können die gleichen Bohnen ein anderes Aroma entwickeln. Individueller Geschmack ist von Person zu Person verschieden, aber man kann feststellen, daß vielen die Sorte, die zum Frühstück getrunken wird, nach dem Abendessen nicht schmeckt. Was man also unter einer »guten Tasse Kaffee« versteht, kann sich je nach Tageszeit ändern.

Die folgenden Beschreibungen der verschiedenen Zubereitungsarten sollen Ihnen helfen, den bestmöglichen Kaffee zu »brauen«, egal, zu welcher Methode Sie auch greifen.

Zuvor aber einige Faustregeln:

Tun Sie's!

☞ Halten Sie die Geräte für die Zubereitung sauber und spülen Sie sie nach jedem Gebrauch gut ab, denn Kaffeesatz und Öle werden schnell ranzig.
☞ Nehmen Sie genügend Kaffee, nicht weniger als 2 TL pro Tasse.
☞ Wärmen Sie die Kanne an. Das gilt natürlich nicht für Zubereitungsmethoden, bei denen die Kanne während des Brühens erhitzt wird.
☞ Verwenden Sie frisches, klares Wasser.
☞ Verwenden Sie nur Kaffee, der speziell für eine bestimmte Zubereitungsmethode gemahlen wurde.
☞ Trinken Sie den Kaffee so frisch wie möglich.

Tun Sie's nicht!

☞ Verwenden Sie den gebrauchten Kaffeesatz nicht wieder.
☞ Brühen Sie den Kaffee nicht mit kochendem Wasser auf. Die ideale Temperatur liegt 2° unter dem Siedepunkt.
☞ Kochen Sie den Kaffee nicht!

Kannenzubereitung

Sie ist die älteste und einfachste Methode und wurde 1711 in Frankreich eingeführt. Einen Topf oder eine Kanne, am besten mit Deckel, mit heißem Wasser füllen und gründlich erhitzen. Dieses Wasser wieder abgießen und löffelweise die erforderliche Menge grob gemahlenen Kaffees hineingeben. Mit heißem Wasser übergießen und gut umrühren. Drei bis fünf Minuten ziehen lassen. Den Kaffee durch ein feines Sieb gießen, dabei den Kaffeesatz am Boden möglichst nicht aufwirbeln.

Cafetière

Die Cafetière-Methode ist im Prinzip eine Abwandlung der Kannenzubereitungsmethode. Der »Topf« besteht aus einem feuerfesten Glaskrug in einem Ständer und mit einem Filtermechanismus am Deckel. Der Krug wird angewärmt, die abgemessene Menge mittelfein gemahlenen Kaffees hineingegeben und mit heißem Wasser übergossen. Den Kaffee vier Minuten ziehen lassen, dann die Filtervorrichtung vorsichtig hinunterdrücken. Sofort servieren.

Diese Methode hat einige Nachteile. Nachdem der Kaffee vier Minuten lang gezogen hat, ist er nicht mehr sehr heiß. Der Filter kann auch den Kaffeesatz nicht völlig von dem Kaffee trennen. Eine Cafetière ist andererseits hübsch anzusehen, und man kann den Kaffee bei Tisch zubereiten.

Aufbrühen

Vakuum- oder Glasballon

Obwohl diese Methode nicht mehr modern ist, wird sie in manchen Gastronomiebetrieben angewandt. Allerdings ist sie zeitaufwendig, und das Gerät kann leicht zu Bruch gehen, da beide Gefäße aus Glas sind. Man füllt in die obere Schale die erforderliche Menge mittel bis fein gemahlenen Kaffees, das untere Gefäß mit frischem kalten Wasser. Nun wird das obere Gefäß in die Öffnung des unteren gesteckt, und beide werden durch Drehen fest miteinander verbunden. Dadurch entsteht ein Vakuum. Das Gerät wird nun erhitzt und das Wasser zum Kochen gebracht. Das Wasser steigt durch das Röhrchen und fließt in das obere Gefäß. Umrühren und ein bis vier Minuten ziehen lassen. Wenn das Gerät vom Feuer genommen wird, bildet sich in dem unteren Gefäß ein Vakuum, welches bewirkt, daß der aufgebrühte Kaffee nach unten zurückgeführt wird. Das obere Gefäß wird jetzt abgenommen und der Kaffee serviert.

Napoletana Machinetta

Diese Art der Kaffeezubereitung ist in Italien sehr populär. Das Gerät ist zweilagig und hat in der Mitte einen Kaffeekorb, der mit dunkel geröstetem, fein gemahlenem Kaffee gefüllt wird. In den unteren Behälter gießt man Wasser und schraubt die Servierkanne umgekehrt auf. Die Machinetta wird nun auf den Herd gestellt. Wenn das Wasser kocht, entweicht Dampf aus einem Ventil unterhalb des Kaffeekorbes. Nun wird die Machinetta vom Feuer genommen und umgedreht, so daß das heiße Wasser durch den gemahlenen Kaffee läuft und die Servierkanne sich jetzt unten befindet.

Aufbrühen

Filter

Eine fast schon klassische Methode, einfach und praktisch, zudem billig. Sie brauchen nur eine Kanne, den Filter und Filtertüten. Das Resultat ist in jedem Fall zufriedenstellend bis sehr gut. Wärmen Sie aber die Kanne — ob aus Glas, Email oder Porzellan — zuvor an.

Die Papiertüte wird in den Filter gesteckt und dieser auf die Kanne gesetzt. Dann wird die erforderliche Menge filterfein gemahlenen Kaffees eingefüllt und langsam mit heißem Wasser aufgegossen. Am Anfang sollte der Kaffee nur durchgefeuchtet werden, damit die Körnchen aufquellen können und das Wasser langsam Aroma und Geschmack aus dem Pulver ziehen kann. Dann mit dem restlichen Wasser aufgießen. Ist das ganze Wasser durchgelaufen, den Filter abnehmen, die Kanne zudecken und den Kaffee servieren.

Die Filter-Kaffeemaschine

Dieses Gerät hat mittlerweile fast jeden Haushalt »erobert«, weil es praktisch ist und mit ihm bis zu zwölf Tassen Kaffee zubereitet werden können. Die Methode ist stets die gleiche, doch empfiehlt es sich, der Bedienungsanleitung der Hersteller-Firma zu folgen. Das Reservoir wird mit der erforderlichen Menge frischen Wassers, der Filter mit der entsprechenden Menge gemahlenen Kaffees gefüllt. Nach dem Einschalten brüht die Maschine den Kaffee für Sie auf.

Die Heizplatte hält den Kaffee warm, er sollte aber nicht länger als 45 Minuten stehen, da er sonst schal und bitter wird.

Aufbrühen

MOKKAKANNE/ESPRESSO-MASCHINE

Die berühmte italienische Espressomaschine wurde 1946 von Achille Gaggia erfunden. Dieses wunderbare Gerät liefert sowohl den klassischen Espresso als auch den ihm verwandten Cappuccino. Das Prinzip der Espressozubereitung beruht auf hohem Druck, der in der Maschine erzeugt wird, das Wasser in den Dampfzustand versetzt und diesen Dampf durch den fein gemahlenen Kaffee preßt. Der Extrakt wird dadurch kräftiger und stärker als bei kochendem Wasser.

Nach dem gleichen Prinzip arbeitet die Mokkakanne, auch sie preßt Dampf durch die gemahlenen Bohnen. Sie hat allerdings den Vorteil, daß sie gegenüber der Espressomaschine bedeutend preiswerter und somit auch in einem »normalen« Haushalt zu finden ist. Man füllt den unteren Teil der Mokkakanne mit frischem, gemahlenen Kaffee, schraubt Unter- und Oberteil zusammen und stellt die Kanne auf die heiße Herdplatte. Sobald das typische Gurgeln ertönt, wissen Sie, daß Ihr Espresso in wenigen Minuten fertig ist und frisch und kochend heiß serviert werden kann. Lassen Sie aber nie den Topf ohne Wasser auf dem Herd stehen und spülen Sie ihn nach Gebrauch gut ab.

Aufbrühen

Türkischer Kaffee

Obwohl diese Art der Kaffeezubereitung im gesamten Mittleren Osten verbreitet ist, hat sich der Begriff »türkisch« bei uns eingebürgert. Es gibt durchaus regionale Varianten, zum Beispiel das Verfeinern mit Gewürzen, die Verwendung einer anderen Bohnenart oder mehrmaliges Aufkochen.

In jedem Fall wird der Kaffee in einem Topf mit langem Stiel, türkisch: »ibrik«, aufgekocht. Dieser Topf verjüng sich nach oben und besteht aus Metall, meist aus Messing. Ersatzweise kann jeder andere kleine Topf verwendet werden. Sie haben es einfacher, wenn Sie nur jeweils drei Portionen auf einmal aufbrühen.

Geben Sie die benötigte Zuckermenge in den *ibrik,* füllen Sie mit Wasser auf und bringen Sie das Gemisch zum Kochen. Rühren Sie den mittelstark gerösteten und sehr fein gemahlenen Kaffee ein und stellen sie den *ibrik* erneut aufs Feuer. Wenn alles schaumig aufkocht, vom Feuer nehmen und umrühren. Noch zweimal aufkochen lassen. Beim letzten Aufkochen einen Teelöffel kaltes Wasser zugeben, das beschleunigt das Absetzen des Kaffeesatzes. Beim Verteilen auf die Mokkatäßchen darauf achten, daß jeder ein wenig Schaum erhält, denn das soll Glück bringen.

Die Perkolator-Methode

Der Perkolator ist eine Erfindung aus dem Jahr 1825 und war eine Zeitlang sehr modern. Heute hat man Einiges an ihm auszusetzen, da er mehrmals kochendes Wasser durch den Kaffee pumpt und den Geschmack mehr oder weniger ruiniert.

Der Perkolator ist sparsam im Verbrauch, da das Wasser länger auf den gemahlenen Kaffee einwirkt. Die früheren Modelle stellte man auf den Herd oder einen Heizofen, durfte ihn dort aber nicht vergessen. Moderne Geräte besitzen eingebaute Thermostate, die die Zeit kontrollieren und damit einen guten Kaffee garantieren.

Welches Modell Sie auch verwenden, das Prinzip ist stets das gleiche. Den Ständer und den Kaffeekorb aus der Kanne nehmen und mit der erforderlichen Menge grob gemahlenen Kaffees füllen. Frisches, kaltes Wasser dazugeben, den Ständer und den Korb wieder in die Kanne geben und den Deckel schließen. Nun langsam bis kurz vor dem Siedepunkt erhitzen, dann die Hitze reduzieren, bis der Kaffee zu zirkulieren beginnt. (Elektrische Perkolatoren machen alles automatisch). Den Kaffee sechs bis acht Minuten durchlaufen lassen, den Perkolator vom Feuer nehmen, den Korb entfernen und das Getränk servieren.

Brazilian
Coffee
Now Being Served
Café do Brasil

Kochen mit Kaffee

Kaffee ist eine Zutat, die Ihren Gerichten einen exotischen und anregenden Geschmack verleiht. Meist wird Kaffee als Getränk genossen, aber er ist weit vielseitiger. In der Regel nimmt man ihn zum Verfeinern von Süßigkeiten, Desserts oder Getränken her, er kann aber auch — so überraschend das klingen mag — eine ausgezeichnete und pikante Ergänzung zu würzigen Gerichten sein.

Das Kaffeearoma ist ungewöhnlich anpassungsfähig und kann sowohl der europäischen als auch der exotischen Küche eine aufregend neue Komponente hinzufügen.

Abwechslung ist das Zauberwort. Kaffee gibt Marinaden einen besonderen Pfiff, er verfeinert Saucen und verträgt sich sogar gut mit Curry. Die folgenden Rezepte greifen auf Kaffee in all seinen Formen zurück — frisch aufgebrüht, frisch gemahlene Bohnen, Pulverkaffee, Kaffee-Extrakt und auch Kaffeelikör. Und nicht zuletzt sollen alle Rezepte Sie zu weiteren Kreationen mit Kaffee anregen. Guten Appetit!

Getränke

Rechts: Südseekaffee
(Seite 42)

Südseekaffee

ZUTATEN

FÜR 2 PERSONEN
2 EL Crème de Banane
2 EL weißer Rum
1 TL brauner Zucker
225 ml heißer, schwarzer Kaffee
ZUM SERVIEREN
6 EL Sahne, leicht geschlagen
geriebene Schokolade

ZUBEREITUNG

☞ Crème de Banane, weißen Rum und Zucker vermischen. Den heißen Kaffee dazugeben und gut umrühren.

ZUM SERVIEREN

In vorgewärmte Brandygläser füllen. Die Sahne über einen Löffel auf den Kaffee gießen und leicht mit geriebener Schokolade bestreuen.

Sahnige Malibu-Tasse

ZUTATEN

FÜR 8 — 10 PERSONEN
550 ml Milch
60 ml Ananassaft
100 g Kokosraspeln
550 ml heißer, starker Kaffee
60 ml weißer Rum

ZUBEREITUNG

☞ Milch, Ananassaft und Kokosraspeln gemeinsam erhitzen, bis die Flüssigkeit sahnig wird.
☞ Abgießen, die Flüssigkeit aufheben und die Kokosraspeln unter einem Grill leicht rösten. Kaffee und Kokosmilch zusammengießen und den Rum einrühren.

ZUM SERVIEREN

In vorgewärmte Tassen gießen und mit den gerösteteten Kokosraspeln bestreuen.

Irish Coffee

ZUTATEN

FÜR 1 PERSON
30 ml Irischer Whiskey
1 EL brauner Zucker
175 ml starker Kaffee
ZUM SERVIEREN
3 EL Sahne, leicht geschlagen

ZUBEREITUNG

☞ Ein Irish Coffee-Glas oder ein anderes hohes Glas erwärmen, Zucker und Whiskey hineingeben und den Kaffee darübergießen. Es ist wichtig, starken Kaffee zu verwenden, damit er nicht vom Whiskeygeschmack erdrückt wird.

ZUM SERVIEREN

Die Sahne über einen Löffel auf den Kaffee gießen und diesen durch die kühle Sahneschicht trinken.

Heißer Mokka

ZUTATEN

FÜR 2 PERSONEN
100 g Schokolade
2 EL Kahlua
225 ml heißer, starker, schwarzer Kaffee
ZUM SERVIEREN
90 ml Sahne, leicht geschlagen
Schokoladenbohnen

ZUBEREITUNG

☞ Die Schokolade vorsichtig in einem Topf schmelzen. Langsam alle anderen Zutaten, bis auf die Sahne, dazugeben und langsam erhitzen.

ZUM SERVIEREN

In vorgewärmte Ballongläser gießen. Die Sahne mit einem Löffel auf dem heißen Mokka verteilen und mit Schokoladenbohnen garnieren.

Calypso-Kaffee

ZUTATEN

FÜR 6 PERSONEN
1 l heißer Kaffee
30 ml weißer Rum
60 ml Tia Maria
ZUM SERVIEREN
150 ml Sahne, leicht geschlagen

ZUBEREITUNG

☞ Alle Zutaten, bis auf die Sahne, erhitzen, aber nicht kochen lassen.

ZUM SERVIEREN

Vier Brandygläser erwärmen und die Flüssigkeit auf diese verteilen. Umrühren und die Sahne jeweils langsam über einen Löffel gießen, damit sie nicht gleich nach unten sinkt.

Café Brulôt Diabolique

ZUTATEN

FÜR 6 — 8 PERSONEN
8 Nelken
1 Stück Zimtstange
1 Vanilleschote
dünn abgeschälte Orangenschale
dünn abgeschälte Zitronenschale
3 EL Zucker
175 ml Brandy
1 l heißer Kaffee
ZUM SERVIEREN
75 ml Cointreau

ZUBEREITUNG

☞ Man verwendet für diesen Punsch traditionell eine tiefe Silberschüssel, aber jede feuerfeste Schüssel genügt.

☞ Nelken, Zimt, Vanille, Orangen- und Zitronenschale und Zucker in die Schüssel geben.

☞ Den Brandy in kleinen Portionen in eine vorgewärmte Kelle gießen und vorsichtig erhitzen. Anzünden und über die Zutaten in der Schüssel gießen. Umrühren, den heißen Kaffee langsam darübergeben und rühren, bis die Flamme verschwunden ist.

ZUM SERVIEREN

Den Cointreau dazugeben und in kleinen vorgewärmten Tassen servieren.

Chocolaccino

ZUTATEN

FÜR 1 PERSON
50 ml heiße Milch
50 ml heißer, italienischer Kaffee
ZUM SERVIEREN
2 EL Sahne, leicht geschlagen
25 g geriebene, halbbittere Schokolade

ZUBEREITUNG

☞ Wenn Sie keine Cappucino-Maschine haben, dann schlagen Sie die Milch in einem Mixer schaumig (etwa 1 Minute). Mit dem heißen Kaffee mischen.

ZUM SERVIEREN

In eine hohe Tasse oder ein Glas gießen. Die geschlagene Sahne mit einem Löffel darauf verteilen und mit geriebener Schokolade bestreuen.

Eine ausgezeichnete Variante des *Cappuccino!*

Sambuca

Mit schwimmenden Kaffeebohnen serviert, enthält Sambuca eine versteckte Botschaft. Eine ungerade Zahl von Kaffeebohnen bedeutet Glück, eine gerade Zahl einen Fluch.

Ein Likörglas wird fast bis zum Rand gefüllt und dann läßt man die gewünschte Anzahl von Kaffeebohnen darauf schwimmen. Anzünden und nach ein paar Sekunden die blauen Flammen vorsichtig ausblasen. Den Likör in kleinen Schlucken trinken. Wenn man will, kann man nach jedem Schluck eine Bohne zerkauen.

Kaffee-Töpfchen

ZUTATEN

FÜR 6 — 8 PERSONEN
150 ml Milch
150 ml Rahm
275 ml heißer, gesüßter Kaffee
4 Eier, getrennt
20 ml Crème de Cacao
150 ml Sahne
ZUM SERVIEREN
geriebene Muskatnuß

ZUBEREITUNG

☞ In einem Topf bei milder Hitze Milch, Rahm und gesüßten Kaffee verrühren. Nicht kochen lassen. Die Eidotter einrühren. Erhitzen, bis die Mischung dickflüssig wird. Abgießen und abkühlen lassen.

☞ Crème de Cacao einrühren. Die Sahne schlagen, daß sie gerade die Form hält und unter die Kaffeemischung ziehen.

☞ Vor dem Servieren das Eiweiß steifschlagen und unterziehen.

ZUM SERVIEREN

In Glastassen, Kelchen oder Bechern sevieren. Mit Muskatpulver bestreuen.

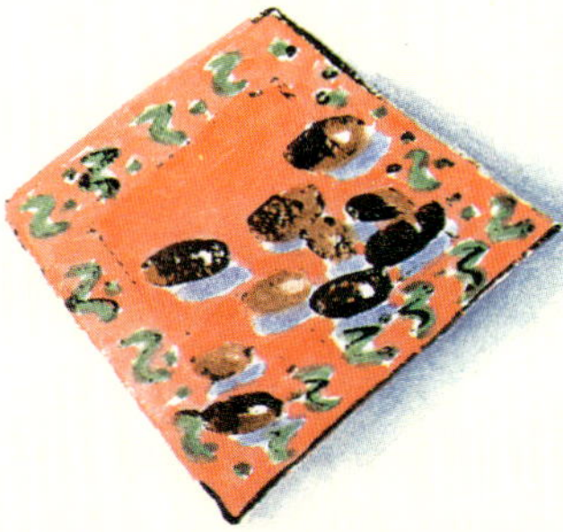

Obst-Kaffee-Punsch

ZUTATEN

FÜR 8 — 10 PERSONEN
225 g Himbeeren
4 Orangen
150 ml Wodka
550 ml kalter, starker, schwarzer Kaffee
ZUM SERVIEREN
2 Kiwis
2 Flaschen Schaumwein

ZUBEREITUNG

☞ Die Himbeeren klein und die Orangen in Scheiben schneiden. In eine Bowle-Schüssel geben. Mit Wodka und Kaffee übergießen und zwei Stunden ziehen lassen.

ZUM SERVIEREN

Den Schaumwein und die geschälten, in Scheiben geschnittenen Kiwis dazugeben. In Tassen servieren.

Tropischer Kaffee-Trink

ZUTATEN

FÜR 4 PERSONEN
225 g Mangosorbet
4 EL Cointreau
100 ml kalter, schwarzer Kaffee
100 ml Ananassaft
ZUM SERVIEREN
8 kurze Strohhalme

ZUBEREITUNG

☞ Alle Zutaten in einem Mixer verrühren. In vier flache, eisgekühlte Gläser füllen.

ZUM SERVIEREN

In jedes Glas zwei Strohhalme stecken.

Kaffeecreme

ZUTATEN

FÜR 2 PERSONEN
225 ml Crème fraîche
225 ml kalter, schwarzer Kaffee
30 ml Crème de Cacao
30 ml Wodka
ZUM SERVIEREN
1 dünner Streifen Orangenschale

ZUBEREITUNG

☞ Alle Zutaten in einen Mixer füllen und verrühren. In hohe Gläser gießen.

ZUM SERVIEREN

Mit einer Spirale aus Orangenschale garnieren.

Southern Belle

ZUTATEN

FÜR 2 PERSONEN
60 ml Southern Comfort
60 ml Apricot Brandy
225 ml kalter, schwarzer Kaffee
50 ml Sahne
ZUM SERVIEREN
frische Aprikosenscheiben

ZUBEREITUNG

☞ Alle Zutaten in einem Mixer verrühren und in hohe gekühlte Gläser gießen.

ZUM SERVIEREN

Mit Scheiben frischer Aprikosen garnieren.

Kaffee Velvet

ZUTATEN

FÜR 4 PERSONEN
60 ml Kahlua
1 EL Crème de Noyaux
225 ml kalter, schwarzer Kaffee
175 ml Sahne
ZUM SERVIEREN
4 kurze Strohhalme

ZUBEREITUNG

☞ Alle Zutaten in einem Mixer verrühren und in gekühlte weite Gläser gießen.

ZUM SERVIEREN

Mit einem kurzen Strohhalm servieren.

Kaffee-Coke-Becher

ZUTATEN

FÜR 4 PERSONEN
150 ml Sahne
550 ml gekühlter, starker, süßer Kaffee
4 Kugeln Kaffee-Eis
1 große Flasche Coca Cola

ZUBEREITUNG

☞ Die Sahne in den Kaffee einrühren. Gut vermischen. Vier hohe Gläser zur Hälfte füllen. Eine Kugel Eis in jedes Glas geben und jeweils mit Cola aufgießen.

Geeister Kaffee und Frappés

Hierbei gilt die Regel: man muß einen guten heißen Kaffee brühen, um guten geeisten Kaffee zu bekommen. Nicht länger als drei Stunden im voraus zubereiten, zugedeckt im Kühlschrank aufheben.

Der Kaffee muß doppelt so stark sein, wenn man viel Eis hineingibt, da sonst das Aroma verwässert wird. Man verwendet die halbe Wassermenge für die gewohnte Kaffeemenge.

Geeister Zimtkaffee

ZUTATEN

FÜR 4 PERSONEN
550 ml heißer, extra starker, schwarzer Kaffee
3 Stücke Stangenzimt
4 Nelken
2 TL brauner Zucker
175 ml Sahne

ZUBEREITUNG

☞ Den Kaffee über den Zimt und die Nelken gießen. Zudecken und eine Stunde ziehen lassen. Zimt und Nelken entfernen und den Kaffee nach Geschmack süßen. In einen Mixer füllen, die Sahne und sechs Eiswürfel dazugeben und alles schaumig schlagen. Sofort servieren.

Geeister Café au Lait

ZUTATEN

FÜR 4 PERSONEN
275 ml heißer, extra starker, schwarzer Kaffee
275 ml heiße Milch
Zucker nach Geschmack
ZUM SERVIEREN
60 ml Sahne, leicht geschlagen

ZUBEREITUNG

☞ Kaffee und Milch in einen Topf gießen. Nach Geschmack süßen. Zudecken und abkühlen lassen, in den Kühlschrank stellen und ganz erkalten lassen.

ZUM SERVIEREN

In vier gekühlte Gläser füllen und die Sahne daraufgeben.

Café Mexicano

ZUTATEN

FÜR 4 PERSONEN
50 ml Sahne
4 g Zimt
1/4 TL Muskat
1 EL Zucker
550 ml heißer, doppelt starker, schwarzer Kaffee
4 TL Schokoladensirup

ZUBEREITUNG

☞ Die Sahne mit Muskat, Zucker und einem Drittel des Zimts schlagen. Die Sahne sollte so steif sein, daß sie die Form hält.

☞ Je einen TL Schokoladensauce in eine kleine Tasse geben. Den restlichen Zimt in den Kaffee einrühren und in die Tassen gießen. Gut mit dem Schokoladensirup verrühren und die Sahne daraufgießen.

Mega-Mokka-Shake

ZUTATEN

FÜR 2 PERSONEN
3 Kugeln Kaffee-Eis
3 Kugeln Schokoladeneis
150 ml gekühlter, starker, süßer Kaffee
150 ml Milch
ZUM SERVIEREN
2 lange, dicke Trinkhalme
2 Stangen Schokoladensplitter

ZUBEREITUNG

☞ Alle Zutaten in einem Mixer sahnig rühren.

ZUM SERVIEREN

In zwei hohe gekühlte Gläser gießen. In jedes Glas eine Schokoladenstange und einen Trinkhalm stecken.

Wiener Kaffee

Was den Wiener Kaffee ausmacht, ist der »Schlagobers« — ein großer Löffel süßer Schlagsahne auf dem Kaffee.

ZUTATEN

FÜR 4 PERSONEN
100 g Schokolade
60 ml Milch
550 ml starker, heißer Kaffee
150 ml Sahne
1 TL Zucker
ZUM SERVIEREN
Zimt
Kakao

ZUBEREITUNG

☞ Die Schokolade langsam in einem Topf schmelzen. Die Milch einrühren.

☞ Den Kaffee in kleinen Portionen einrühren und schaumig schlagen. Warmhalten. Die Sahne mit dem Zucker steifschlagen. Den Kaffee in vier vorgewärmte Tassen füllen und die Sahne darauf verteilen.

ZUM SERVIEREN

Mit Zimt und Kakao bestreuen.

Pikante Gerichte

Rechts: Sahnige Kaffee-Kokos-Sauce *(Seite 67)*

Fleisch-Kartoffel-Curry

ZUTATEN

FÜR 4 PERSONEN
50 g Butter
1 Zwiebel, fein gehackt
1 Knoblauchzehe, zerdrückt
15 milde Currypaste
1 EL Tomatenmark
1 Prise Salz
450 g Hammelfleisch, in Würfel geschnitten
275 ml starker, schwarzer Kaffee
Saft und geriebene Schale einer Limone
450 g rohe Kartoffeln, in Würfel geschnitten
ZUM SERVIEREN
2 EL frischer Koriander, gehackt

ZUBEREITUNG

☞ Die Butter in einer tiefen Pfanne erhitzen und Zwiebel und Knoblauch ein paar Minuten darin anbraten.
☞ Currypaste, Tomatenmark, Salz, Fleischwürfel, Kaffee und Limone einrühren, zum Kochen bringen und 45 Minuten köcheln lassen. Gelegentlich umrühren. Die Kartoffeln dazugeben und kochen, bis sie weich sind.

ZUM SERVIEREN

Mit Koriander garnieren und mit Safran- oder Kurkumareis servieren.

Sahnige Kaffee-Kokos-Sauce

ZUTATEN

FÜR 4 PERSONEN
350 g Zwiebeln, fein gehackt
2 Knoblauchzehen, zerdrückt
50 g (geklärte) Margarine
3 EL Öl
175 g Kokoscreme
275 ml heißer, starker Kaffee
1 EL Garam Masala
225 g roter Paprika, in dünne Scheiben geschnitten

ZUBEREITUNG

☞ Zwiebeln und Knoblauch in der Margarine langsam anbraten, bis sie weich und goldbraun sind.
☞ Die Kokospaste in einer Schüssel hacken und mit Kaffee übergießen, bis sie gerade bedeckt ist. Die Paste aufweichen lassen und dann gründlich verrühren.
☞ Garam Masala mit der Zwiebelmischung mischen. 2 bis 3 Minuten kochen und den Paprika dazugeben. Zudecken und weitere 5 bis 8 Minuten kochen, bis der Paprika weich ist.
☞ Die Kokoscreme in den Topf gießen und alles mit Salz abschmecken. Erhitzen, aber nicht kochen lassen, bis die Sauce dick wird.
☞ Getrennt servieren oder über das Fleischcurry gießen.

Kaffee-Hühnchen-Salat

ZUTATEN

FÜR 4 — 6 PERSONEN
1,5 kg ausgelöste Hühnerbrüste
275 ml Crème fraîche
2 EL Kaffee-Essenz
2 EL brauner Zucker
150 ml Mayonnaise
6 Stangen Sellerie, in 2,5 cm lange Stücke geschnitten
175 g geschälte Walnüsse
Salz und gemahlener schwarzer Pfeffer
Elektroherd: 180°; Gas: Stufe 4

ZUBEREITUNG

☞ Die Hühnerbrüste in mundgerechte Stücke schneiden und in einer Schicht in eine feuerfeste Form legen. Crème fraîche, Kaffee-Essenz und braunen Zucker mischen und über das Hühnerfleisch streichen. 25 bis 30 Minuten backen, aus dem Ofen nehmen und abkühlen lassen.

☞ In eine Servierschüssel umfüllen. Die Mayonnaise einrühren und Sellerie, Walnüsse und Gewürze dazugeben. Gut mischen.

☞ Zudecken und mindestens 4 Stunden in den Kühlschrank stellen. Vor dem Servieren bei Bedarf nachwürzen.

Würzige Kaffee-Pfannkuchen

ZUTATEN

FÜR 4 — 6 PERSONEN
PFANNKUCHEN
100 g Mehl
1 Prise Salz
1 Ei
275 ml starker Kaffee mit Milch
1 EL Kaffee-Essenz
Öl zum Braten
FÜLLUNG
1 EL Olivenöl
1 kleine Zwiebel, fein gehackt
2 Knoblauchzehen, zerdrückt
6 Zucchini, gerieben
6 Tomaten, enthäutet, entkernt und gehackt
3 EL Naturjoghurt
1 TL frische gehackte Minze
100 g geriebener Hartkäse

ZUBEREITUNG

☞ Mehl und Salz in einer Schüssel mischen. Ei, Kaffee und Kaffee-Essenz einrühren, bis die Masse glatt aussieht. 20 bis 30 Minuten im Kühlschrank stehen lassen. Vor dem Gebrauch noch einmal schlagen.

☞ Die Pfanne mit etwas Öl ausstreichen und auf großer Flamme erhitzen. Einen Pfannkuchenteig hineingeben und zu einer dünnen Schicht ausstreichen. 1 1/2 Minuten backen, wenden und goldbraun ausbacken. Mit dem restlichen Teig ebenso verfahren. Die Pfannkuchen stapeln und warmhalten.

☞ Das Olivenöl erhitzen und Zwiebel und Knoblauch darin glasig dünsten. Die Tomaten und die geriebenen Zucchini einrühren. 6 bis 8 Minuten dünsten, dann Joghurt und Minze einrühren. Nach Geschmack würzen.

☞ Auf jeden Pfannkuchen einen Löffel dieser Füllung geben, zusammenrollen und die Pfannkuchen in ein flache, eingefettete Backform legen.

☞ Geriebenen Käse über die Pfannkuchen streuen. Unter einen heißen Grill stellen, bis der Käse geschmolzen ist, und sofort servieren.

Hühnchen-Kasserolle

ZUTATEN

FÜR 6 PERSONEN
2 große Prisen Salz
2 große Prisen Pfeffer
50 g Mehl
6 Hühnerbrüste
2 EL Öl
50 g Butter
225 ml Weißwein
225 ml schwarzer Kaffee
8 Frühlingszwiebeln, in 2,5 cm langen Stücken
4 Karotten, in Streifen geschnitten
geriebene Schale und Saft einer Zitrone
4 Zucchini, in Streifen geschnitten
1 TL Zimt

ZUBEREITUNG

☞ Das Mehl mit Salz und Pfeffer würzen und die Hühnerbrüste darin wenden. Öl und Butter erhitzen und die Hühnerteile darin langsam goldbraun ausbacken. Aus der Pfanne nehmen.

☞ Wein, Kaffee und das restliche Mehl in die Pfanne geben und unter Rühren zum Kochen bringen.

☞ Die Hühnerteile wieder in die Pfanne legen. Das Gemüse, Zitronenschale, Saft und Zimt dazugeben.

☞ Zudecken und 30 Minuten köcheln lassen, bis das Fleisch und das Gemüse weich ist.

Gebackene Bohnen

ZUTATEN

FÜR 6 PERSONEN
450 g getrocknete weiße Bohnen, über Nacht in kaltem Wasser eingeweicht
25 g Butter
450 g gepökeltes Schweinefleisch
2 Zwiebeln, fein gehackt
2 Knoblauchzehen, zerdrückt
4 kleine Lauchstangen, in Scheiben geschnitten
100 g Karotten, gehackt
4 rohe Kartoffeln, gewaschen und in Würfel geschnitten
175 ml Tomatensaft
150 ml Rotwein
275 ml starker schwarzer Kaffee
Elektroherd: 180°; Gas: Stufe 4

ZUBEREITUNG

☞ Die Butter erhitzen, Fleisch, Zwiebeln und Knoblauch hineingeben. Anbraten, bis die Zwiebel weich und glasig ist. Nach Geschmack würzen.

☞ Die Bohnen in eine große Kasserolle füllen, die Fleisch-Zwiebel-Mischung dazugeben und Lauch, Karotten, Kartoffeln, Tomatensaft, Rotwein und Kaffee einrühren. Gut vermischen. Die zugedeckte Kasserolle in den Ofen stellen. Alles 2 1/2 bis 3 Stunden schmoren, bis die Bohnen weich sind und die Flüssigkeit fast ganz eingekocht ist. Etwas zusätzlichen Kaffee darübergießen und die Kasserolle wieder ins Rohr stellen, bis alles weich ist.

Abschmecken und heiß servieren. Frisches knuspriges Brot dazu reichen.

Gefüllte Rindsrouladen

ZUTATEN

FÜR 6 PERSONEN
12 mittelgroße Scheiben Sirloin Beef, 0,5 cm dick, bzw. 12 kleine Rindsrouladen
12 dünne Scheiben Parmaschinken
3 Knoblauchzehen, zerdrückt
6 Frühlingszwiebeln, gehackt
350 Ricotta oder Quark
100 g Sultaninen
120 g gehackte frische Kräuter, z.B. Petersilie, Basilikum, Oregano
Salz und gemahlener schwarzer Pfeffer
1/2 TL Muskatpulver
275 ml starker, schwarzer Kaffee
275 ml trockener Weißwein
2 EL Kaffeelikör
Elektroherd: 180°; Gas: Stufe 5

ZUBEREITUNG

☞ Das Rindfleisch flach ausbreiten.

☞ Auf jede Fleischscheibe eine Scheibe Schinken legen. In einer Schüssel Knoblauch, Frühlingszwiebeln, Käse, Sultaninen, gehackte Kräuter, Salz, Pfeffer und Muskat verrühren. Die Masse auf das Fleisch streichen. Dieses zusammenrollen und mit einem Faden verschnüren. Die Rouladen in eine feuerfeste Form legen, mit Kaffee und Wein übergießen. 20 Minuten schmoren. Den Kaffeelikör hinzufügen und alles weitere 20 bis 30 Minuten ins Rohr stellen.

☞ Heiß servieren und Butternudeln dazu reichen.

Kaffee-Spareribs

ZUTATEN

FÜR 6 PERSONEN
6 Spareribstücke, in die einzelnen Rippen zerteilt
3 EL Olivenöl
2 Knoblauchzehen, zerdrückt
2 EL Petersilie, gehackt
150 ml Rotwein
150 ml starker, schwarzer Kaffee
3 EL Honig
Salz und gemahlener schwarzer Pfeffer
geriebene Schale und Saft einer Limone
Elektroherd: 180°; Gas: Stufe 4

ZUBEREITUNG

☞ Die Spareribs in eine große flache Form legen. Alle restlichen Zutaten mischen und über die Spareribs verteilen. Über Nacht das Fleisch in der Marinade ziehen lassen. Gelegentlich umdrehen.

☞ Die Spareribs aus der Marinade nehmen, unter einen vorgeheizten Grill geben und wenden, bis sie gleichmäßig gebräunt sind. Wieder in die Marinade legen und 30 Minuten im Rohr backen.

☞ Die Spareribs herausnehmen und das Fett von der Sauce abschöpfen.

☞ Mit Reis servieren.

Knusprige Kalbsschnitzel

ZUTATEN

FÜR 4 PERSONEN
4 Scheiben Kalbsfilet
175 g braune Semmelbrösel
30 gr mittelfein gemahlenen Kaffee
2 EL hellbrauner Zucker
geriebene Schale von zwei Orangen
Salz und Pfeffer
2 Eier, geschlagen
50 g Butter
2 EL Öl
SAUCE
25 g Butter
25 g Mehl
150 ml starker, schwarzer Kaffee
150 ml Milch
1 EL Kaffeelikör
ZUM SERVIEREN
Orangenstücke und Zweige von Brunnenkresse

ZUBEREITUNG

☞ Die Filets gut abtrocknen. Jede Scheibe zwischen Pergamentpapier legen und vorsichtig flachklopfen. Darauf achten, daß das Fleisch nicht reißt. Es sollte etwa 5 mm dick sein.

☞ Semmelbrösel, Kaffee, Zucker, Orangenschale, Salz und Pfeffer mischen. Die Schnitzel in das Ei, dann in die Semmelbröselmischung tauchen, bis sie ganz umhüllt sind.

☞ Butter und Öl in einer großen Pfanne bei mittlerer bis hoher Temperatur erhitzen. Die Schnitzel in einer Schicht hineinlegen und von beiden Seiten 4 bis 5 Minuten braten.

☞ Die Schnitzel herausnehmen und in eine heiße Servierschüssel legen. Warmhalten.

☞ Alle Zutaten, bis auf den Likör, in einen Topf geben und erhitzen. Unter Rühren kochen, bis die Sauce glatt ist. Den Kaffeelikör einrühren und die Sauce über die Schnitzel gießen.

ZUM SERVIEREN

Mit Orange und Kresse garnieren.

Extravagantes Lamm

ZUTATEN

FÜR 4 — 6 PERSONEN
450 g Lammfilet
3 EL Paprikapulver
2 EL Chilipulver
2 EL frischer Koriander, gehackt
2 EL frische Petersilie, gehackt
75 ml Crème fraîche
3 EL Öl
2 Knoblauchzehen
1 Zwiebel, fein gehackt
100 g Pilze, in Scheiben geschnitten
1 rote Paprikaschote, geputzt, in Scheiben
450 ml Ananasscheiben im eigenen Saft, geviertelt
275 ml starker, schwarzer Kaffee
4 TL Speisestärke und Wasser zum Anrühren
ZUM SERVIEREN
Limone und Koriander zum Garnieren

ZUBEREITUNG

☞ Das Fleisch in Würfel von 2,5 cm schneiden. Paprika, Chili, Koriander, Petersilie und Crème fraîche in einer Schüssel verrühren. Das Fleisch mit dieser Mischung umhüllen.

☞ Das Öl in einer tiefen Pfanne erhitzen und den Knoblauch und das Gemüse 2 bis 3 Minuten leicht anbraten. Abtropfen lassen. Das Fleisch 10 Minuten in der Pfanne anbraten, gelegentlich umrühren und das Gemüse untermischen.

☞ Ananas und Kaffee dazugeben und alles 10 bis 15 Minuten köcheln lassen. Die Speisestärke mit kaltem Wasser anrühren und in die Pfanne geben. Rühren, bis die Sauce dickflüssig wird. Nach Geschmack würzen.

ZUM SERVIEREN

Mit Limonenscheiben und Korianderzweigen garnieren. Mit braunem Reis servieren.

Desserts

Cocoa Rica

ZUTATEN

FÜR 6 PERSONEN
2 EL Gelatinepulver
4 EL Wasser
2 EL Zucker
75 ml starker, italienischer Kaffee
50 ml Kaffeelikör
275 ml Sahne
ZUM SERVIEREN
Zuckerveilchen

ZUBEREITUNG

☞ Die Gelatine in eine Schüssel mit Wasser geben und über einem kochenden Wasserbad verrühren. Vom Feuer nehmen. Wenn sie kühl ist und fest zu werden beginnt, den Zucker, Kaffee und Likör dazugeben.
☞ Die Sahne schlagen (nicht zu steif) und die Kaffeemischung zu der Sahne geben. Weiter schlagen, bis die Sahne ganz steif ist.
☞ Die Sahne in Dessertschalen füllen und 2 bis 3 Stunden kühlen.

ZUM SERVIEREN

Vor dem Servieren jedes Glas mit Zuckerveilchen garnieren.

Vergoldete Kaffeebirnen

ZUTATEN

FÜR 4 PERSONEN
4 Dessertbirnen (mit Stielen)
275 ml starker, schwarzer Kaffee
150 ml süßer Weißwein
225 g Himbeeren
150 ml guter Bordeaux
Puderzucker
ZUM SERVIEREN
4 Minzezweige
goldene Speisefarbe in Puderform (nach Geschmack)

ZUBEREITUNG

☞ Die Birnen dünn abschälen, aber die Stiele ganz lassen. (Falls nötig, unten an der Birne eine Scheibe abschneiden, damit die Birne steht). Die Birnen in süßem Weißwein und Kaffee 20 bis 30 Minuten pochieren, je nach Sorte und Reifegrad.

☞ Wenn die Birnen durch, aber noch fest sind, herausnehmen und abkühlen lassen. Himbeeren und Bordeaux in den Topf geben und vorsichtig erhitzen, bis die Himbeeren weich sind. Die Beeren verrühren und durch ein Sieb streichen. Die Sauce kühlen und nach Geschmack mit Puderzucker süßen.

☞ Die Birnen entweder auf einer Servierplatte oder auf kleinen Tellern anrichten. Etwas Sauce auf und um die Birnen geben. Die restliche Sauce servieren.

ZUM SERVIEREN

Jede Birne mit einem Minzezweig garnieren.

Die Birnenstiele und die Ränder der Minzeblätter mit der goldenen Speisefarbe bestäuben.

Cappuccino-Eis

Eine glatte weiche Version des Granita al Caffé.

ZUTATEN

FÜR 6 — 10 PERSONEN
450 ml starker, italienischer Kaffee
175 ml Schlagsahne
100 g Zucker

ZUBEREITUNG

☞ Alle Zutaten in einen Topf geben und langsam erhitzen. Rühren, bis sich der Zucker aufgelöst hat und die Mischung zu kochen beginnt. Auf 38° abkühlen lassen, in eine flache Schüssel umfüllen und in den Gefrierschrank stellen.

☞ 3 bis 6 Stunden gefrieren lassen, bis das Eis fest ist.

☞ Vor dem Servieren etwa 30 Minuten lang in den Kühlschrank stellen.

Österreichischer Kaffee-Kuchen

ZUTATEN

TEIG
1 TL Trockenhefe
3 EL lauwarme Milch
250 g Mehl
3 EL Kochöl
50 g Butter, geschmolzen
1 Ei
2 EL Pulverkaffee, in 1 EL heißem Wasser aufgelöst
2 EL Zucker
DEKORATION
100 g Butter
100 g Mehl
200 g Zucker
25 g Vanillezucker
75 g gemahlene Mandeln
2 EL Kaffeelikör
450 g reife Aprikosen, halbiert, ohne Stein

Elektroherd: 200°; Gas: Stufe 6

ZUBEREITUNG

☞ Die Hefe in Milch auflösen. Das Mehl in eine Schüssel geben, eine Vertiefung in die Mitte drücken und Öl, Butter, die lauwarme Hefe, das Ei, Kaffee und Zucker hineinfüllen.

☞ Alle Zutaten zu einem Teig vermengen. Leicht durchkneten, zudecken und an einer warmen Stelle etwa eine Stunde gehen lassen.

☞ Dekoration: Die Butter in das Mehl kneten, bis die Masse bröselig aussieht. Zucker und gemahlene Mandeln dazugeben und gut vermischen.

☞ Den Teig leicht durchkneten und in eine gut eingefettete Springform (20 cm ∅) geben. Am Boden fest andrücken. Mit den Aprikosenhälften bedecken, die 30 Minuten im Kaffeelikör gezogen haben. Die Brösel darüber streuen, den Kuchen zudecken und 30 bis 40 Minuten backen.

Paris-Brest

Dieses Dessert wurde geschaffen, um das berühmte Fahrradrennen Paris-Brest-Paris zu feiern. Eine köstliche Variation eines klassischen Rezepts!

ZUTATEN

FÜR 6 — 8 PERSONEN
EIERTEIG
150 ml Wasser
50 g Butter
65 g Mehl
1 Prise Salz
2 Eier, geschlagen
40 g Mandelblättchen
FÜLLUNG
450 g Kirschen, entsteint und über Nacht in Kirschlikör eingeweicht
275 ml Sahne
45 g Puderzucker
2 EL Pulverkaffee, in 1 EL heißem Wasser aufgelöst

Elektroherd: 200°; Gas: Stufe 6

ZUBEREITUNG

☞ Wasser und Butter in einem Topf erhitzen, bis die Butter schmilzt und das Wasser kocht. Vom Herd nehmen und rasch Mehl und Salz einrühren. Bei niedriger Hitze weiterrühren, bis der Teig glatt ist und sich vom Topf löst.

☞ Vom Herd nehmen und Eier die in kleinen Portionen einrühren. Der Teig soll glatt und glänzend aussehen.

☞ Den Teig in einen Spritzbeutel mit glatter Tülle (2,5 cm) füllen. Einen etwa 4 cm breiten Rand von 21 cm Durchmesser auf ein eingefettetes Backblech spritzen. Die Mandeln gleichmäßig über den Ring streuen und diesen 30 Minuten backen. Aus dem Rohr nehmen und mit einem scharfen Messer durchschneiden. Beide Hälften getrennt auskühlen lassen.

☞ Das Unterteil auf eine Kuchenplatte legen und die eingeweichten Kirschen darauf verteilen. Sahne, Zucker und Kaffee mischen und schlagen und über die Kirschen geben.

☞ Den oberen Ring darauf legen und mit Puderzucker bestreuen.

Kaffee-Birnen-Torte

ZUTATEN

FÜR 10 PERSONEN
TEIG
150 g Butter
350 g Mehl
1 EL Zucker
30 g Pulverkaffee, mit 1 EL warmem Wasser angerührt
1 Ei
FÜLLUNG
1 kg feste, reife Birnen
2 Eier, geschlagen
75 ml Sahne
30 g Pulverkaffee, in 1 EL warmem Wasser aufgelöst
1 Gläschen Kaffeelikör

Elektroherd: 200°; Gas: Stufe 6

ZUBEREITUNG

☞ Die Butter mit dem Mehl vermengen und den Zucker einrühren. Kaffee und Ei verrühren und den Teig damit binden. Falls erforderlich, etwas Wasser zugeben. Den Teig ausrollen und in eine Springform (30 cm ∅) füllen. 15 Minuten backen.

☞ Die Birnen schälen, halbieren und entkernen. Kreisförmig in der Kuchenform anordnen.

☞ Eier, Sahne, Kaffee und Likör mischen. Über die Birnen gießen und den Kuchen weitere 30 Minuten backen. Warm servieren.

Tropische Kaffeescheibe

PHASE EINS

PHASE ZWEI

ZUTATEN

FÜR 8 PERSONEN
4 Eiweiß
225 g Zucker
2 El Pulverkaffee
75 g gemahlene Mandeln
25 g geröstete Mandelblättchen
150 ml Sahne
1 kleine frische Ananas, geschält und in Stücke geschnitten
50 g Kokosraspeln
Elektroherd: 100°; Gas: Stufe 2

ZUBEREITUNG

☞ Zwei Rechtecke (30,5 x 10 cm) auf Pergamentpapier zeichnen. Auf ein Backblech legen.

☞ Die Eiweiß steifschlagen, 4 EL Zucker und den Kaffee einrühren. Wieder schlagen, bis die Meringe ganz steif ist. Den restlichen Zucker und die gemahlenen Mandeln unterheben.

☞ Die Meringe in einen Spritzbeutel mit gerader Tülle (1 cm ∅) füllen und in geraden Linien über die Breite der beiden Rechtecke verteilen. Ein Rechteck mit den gerösteten Mandeln bestreuen, 2 Stunden backen, dann auskühlen lassen.

☞ Die Sahne nicht zu steif schlagen und über den zweiten Meringenboden verteilen. Die Ananasstücke darauflegen und mit Kokosraspeln bestreuen. Die andere Meringenscheibe darauflegen. Etwa 2 Stunden in den Kühlschrank stellen.

Kaffee-Käsekuchen

ZUTATEN

FÜR 10 — 12 PERSONEN
BODEN
100 g Butter
100 g dunkelbrauner Zucker
225 g Kaffeebiskuits, zerbröselt
FÜLLUNG
25 g Gelatinepulver
6 EL warmes Wasser
450 g Sahnekäse (Vollfettstufe)
4 Eier, getrennt
225 g dunkelbrauner Zucker
30 g Pulverkaffee, in 1 EL heißem Wasser aufgelöst
275 ml Sahne
ZUM SERVIEREN
Kandierte Rosenblättchen

ZUBEREITUNG

☞ Eine Springform (10 — 12 cm ∅) einfetten. Die Butter in einem Topf erhitzen, den Zucker und die Biskuits einrühren. Mit einem Löffel in die Backform geben und gut festdrücken. Kühlen.

☞ Die Gelatine in einer Schüssel mit Wasser über einem heißem Wasserbad auflösen. Den Käse rühren, bis er weich ist, dann die Eidotter, die Hälfte des Zuckers, Kaffee und Sahne einrühren. Die aufgelöste Gelatine zu der Kaffeemischung geben. Alles stehen lassen, bis die Mischung beginnt fest zu werden.

☞ Die Eiweiß steifschlagen und den restlichen Zucker unterrühren. Vorsichtig unter die Kaffeemischung ziehen. In den gekühlten Biskuitboden füllen. Vorsichtig hin- und herschütteln, bis die Oberfläche eben ist.

☞ 3 — 4 Stunden kühlen.

☞ Mit einem heißen, flachen Messer um den Rand der Kuchenform fahren und den Kuchen herausnehmen.

ZUM SERVIEREN

Auf eine Kuchenplatte schieben und die Oberfläche mit kandierten Rosenblättchen verzieren.

Gedämpfter Kaffeepudding

ZUTATEN

FÜR 6 PERSONEN
125 g trockener Kaffee-Sandkuchen
75 g Schokolade
150 ml Milchkaffee
50 g Butter
30 g Vanillezucker
2 große Eier, getrennt
2 EL Pulverkaffee, in 1 EL heißem Wasser aufgelöst

ZUBEREITUNG

☞ Den Kuchen fein zerbröseln. Die Schokolade in einer Schüssel über einem köchelnden Wasserbad schmelzen. Wenn sie geschmolzen ist, über die Kuchenkrümel gießen. Etwa 30 Minuten stehen lassen.

☞ Butter und Zucker schaumig rühren. Die Eidotter einrühren. Die eingeweichten Kuchenkrümel und den Kaffee dazugeben und alles gut vermischen.

☞ Die Eiweiß steifschlagen und vorsichtig unter die Schokoladenmischung ziehen. Mit einem Löffel in eine große gebutterte Souffléform füllen (die Form soll nur halb gefüllt sein). Mit eingefetteter Alufolie oder einer doppelten Schicht Pergamentpapier bedecken. 1 1/2 Stunden in einem Dampftopf dämpfen. Den Pudding auf eine Platte stürzen. Mit Zucker bestreuen und Schokoladensauce oder Sahne dazu servieren.

Kaffee-Charlotte

ZUTATEN

FÜR 6 PERSONEN
32 Löffelbiskuits
4 EL Wasser
4 EL Kaffeelikör
225 ml Milchkaffee
50 g Vanillezucker
4 EL Mehl
50 g gemahlene Mandeln
1 ganzes Ei
1 Eidotter
100 g grob geriebene Milchschokolade

ZUBEREITUNG

☞ Die Biskuits leicht in die Mischung aus Wasser und Likör tauchen und den Boden und die Seiten einer hohen Backform (15 — 18 cm ∅) damit auslegen.

☞ Den Milchkaffee erhitzen. Zucker, Mehl und gemahlene Mandeln mischen. Die Eier dazugeben und alles langsam auf den Kaffee in den Topf gießen. Gründlich verrühren. Unter ständigem Rühren zum Kochen bringen. Vom Herd nehmen und abkühlen lassen. Eine Schicht Kaffeecreme in die Biskuitform streichen und mit geriebener Schokolade bestreuen. Diesen Vorgang wiederholen, bis die ganze Creme aufgebraucht ist. Löffelbiskuits so zuschneiden, daß sie einen Deckel für den Kuchen bilden.

☞ Den Deckel gut festdrücken und den Kuchen 4 — 6 Stunden in den Kühlschrank stellen.

Kaffee-Kokos-Soufflé

ZUTATEN

FÜR 4 — 6 PERSONEN
3 Eier, getrennt
4 EL starker, schwarzer Kaffee
1 EL Crème de Curacao
75 g Zucker
50 g Kokosraspeln
2 EL Gelatinepulver
2 EL kaltes Wasser
150 ml Sahne

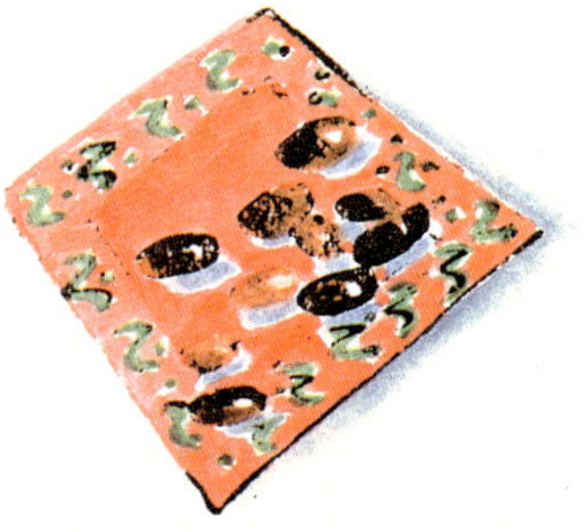

ZUBEREITUNG

☞ Eidotter, Kaffee, Crème de Curaçao und Zucker in einer Schüssel schaumig rühren. Den größten Teil der Kokosraspeln dazugeben. Die Gelatine in Wasser über einem heißen Wasserbad auflösen. Wenn sie klar ist, langsam unter Rühren in die Kaffeemischung gießen.

☞ Die Sahne nicht zu steif schlagen und unter die Mischung heben. Die Eiweiß fast steif schlagen und unter die Soufflémasse ziehen.

☞ Eine Souffléform vorbereiten: aus Pergamentpapier einen doppelten Streifen zuschneiden, der etwa 7,5 cm über den Rand der Form übersteht. An einer der langen Kanten einen 2,5 cm breiten Streifen umknicken. Das Papier um die Form binden, daß der umgeknickte Streifen unter dem Boden ist und der Streifen oben 5 cm übersteht. Die Soufflémasse in die Form füllen, daß sie fast bis an die Oberkante des Papierstreifens reicht.

☞ Das Papier entfernen und mit den restlichen Kokosraspeln bestreuen.

Kaffee-Brulée

ZUTATEN

FÜR 6 PERSONEN
675 ml Sahne
6 Eidotter
1 EL Vanillezucker
1 1/2 EL Vanilleessenz
4 EL Pulverkaffee
2 EL Kaffeelikör
2 EL brauner Zucker
Elektroherd: 150°; Gas: Stufe 2

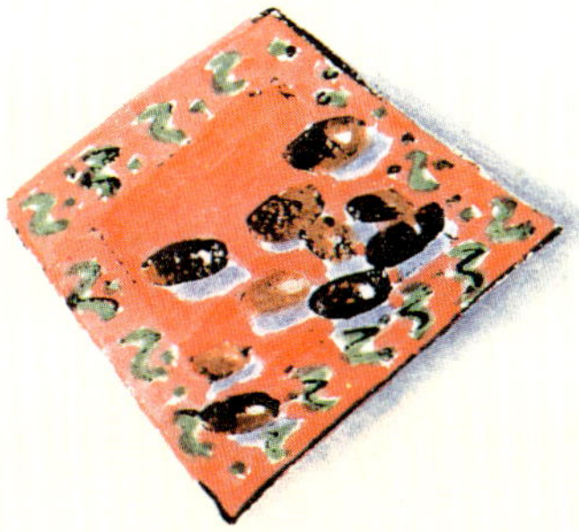

ZUBEREITUNG

☞ Die Sahne in einer Schüssel über ein kochendes Wasserbad geben. Eidotter schlagen, den Vanillezucker, Vanilleessenz, Kaffee und Likör dazugeben und alles in die warme Sahne einrühren. Unter Rühren weiter erhitzen, bis die Sauce so dick ist, daß sie an einem Holzlöffel hängen bleibt.

☞ Die Sahne durch ein Sieb entweder in eine große Souffléform oder mehrere kleinere gießen.

☞ Die Form oder die Formen in eine flache Schüssel stellen. Wasser einfüllen, daß die Form so weit bedeckt ist, wie der Teig hoch ist. Auf die Mittelschiene des Rohrs schieben und 35 bis 45 Minuten backen, bis die Mitte des Teigs fest ist.

☞ Die Form aus dem Wasser nehmen. Abkühlen lassen, zudecken und kaltstellen. Den Zucker über den gekühlten Kuchen streuen. Unter einem heißen Grill stellen (möglichst dicht unter die Hitzequelle).

☞ Grillen, bis der Zucker karamelisiert. Genau beobachten.

☞ Herausnehmen und 2 bis 3 Stunden kühlen.

Kaffee-Himbeer-Frou-Frou

ZUTATEN

FÜR 6 — 8 PERSONEN
550 ml Sahne
550 ml Milch
225 g Meringen
20 g Pulverkaffee, in 1 EL heißem Wasser aufgelöst
100 g gefrorene oder frische Himbeeren
1 TL Zitronensaft
35 g Vanillezucker
geriebene Schale einer Orange
1 EL Wasser
eine Auswahl gemischter Früchte, gewaschen und in Scheiben geschnitten, z.B. Erdbeeren, Himbeeren, Pfirsiche

ZUBEREITUNG

☞ Sahne und Milch schlagen. Die Meringen in kleine Stücke zerbrechen und in die Sahne mischen. Die Masse auf drei Schüsseln verteilen. Den Kaffee in eine der Schüsseln geben und einrühren.

☞ Himbeerschaum: Alle restlichen Zutaten, bis auf die gemischten Früchte, in einen Topf geben und vorsichtig erhitzen, bis die Himbeeren weich sind. Rühren, bis die Himbeeren zerdrückt sind, und die Sauce in eine Schüssel mit der Sahnemischung geben. Eine Ringform (1,75 l) einfetten und mit einem Löffel abwechselnd aus jeder Schüssel etwas Baiser-Sahnemischung in die Ringform füllen. Weitermachen, bis die ganze Mischung verbraucht ist. Die Oberfläche glätten und die Form zudecken. Mindestens 6 Stunden ins Tiefkühlfach stellen.

☞ 30 Minuten vor dem Servieren in den Kühlschrank stellen.

☞ Auf eine Servierplatte stürzen und die Mitte mit den gemischten Früchten füllen.

Luxus-Mokka-Eiscreme

ZUTATEN

125 g Schokolade
4 Eier, getrennt
4 EL starker Kaffee
275 ml Sahne
1 EL Kaffeelikör
100 g Zucker
ZUM SERVIEREN
Schokoladenlocken

ZUBEREITUNG

☞ Die Schokolade in eine Schüssel geben und über einem heißen Wasserbad schmelzen. Wenn die Schokolade flüssig ist, die Schüssel aus dem Wasserbad nehmen und die Eidotter und den Kaffee einrühren.

☞ In einer großen Schüssel die Sahne steifschlagen und mit dem Kaffeelikör vermischen.

☞ Die Eiweiß steifschlagen, den Zucker langsam dazugeben.

☞ Die Mokkamischung mit einem Schneebesen in die Sahne rühren und alles vorsichtig unter das Eiweiß heben.

☞ In einen Gefrierbehälter (1,75 l) füllen und 5 Stunden gefrieren. Man muß das Eis während des Gefrierens nicht umrühren. Es bleibt ziemlich weich.

ZUM SERVIEREN

Zu Kugeln formen und in Dessertgläser füllen. Mit Schokoladenlocken verzieren.

Man kann die Kugeln auch in kleine Biskuittörtchen geben.

Kaffee-Krokant-Mousse

ZUTATEN

FÜR 6 PERSONEN
100 g ganze Haselnüsse
45 g Zucker
4 große Eier, getrennt
75 g Vanillezucker
2 EL Pulverkaffee
275 ml Sahne

ZUBEREITUNG

☞ Die Haselnüsse in einer Pfanne bei mittlerer Hitze anbräunen. Wenn sich die Schale zu lösen beginnt, vom Feuer nehmen. In ein Geschirrtuch geben und reiben, bis sich die Schalen abgelöst haben. Die Nüsse grob hacken. Zucker in die Pfanne geben. Wenn er geschmolzen und hellbraun ist, die Haselnüsse einrühren. Die Masse auf leicht geöltes Blech gießen und abkühlen lassen. Die Krokantplatte in Stücke brechen und kurz in einem Mixer zerschlagen.

☞ Die Eidotter mit 4 EL Vanillezucker schlagen, bis sie blaßgelb aussehen. Die Schüsesel über ein heißes Wasserbad stellen und weiter schlagen, bis die Mischung zähflüssig wird. Den Kaffee einrühren und abkühlen lassen.

☞ Die Sahne schlagen, bis sie ziemlich steif ist, und vorsichtig die Kaffeemischung einrühren. Den Krokant daruntermischen. Die Eiweiß steifschlagen und den restlichen Zucker unterziehen.

☞ Das Mousse entweder in kleine Dessertschüsseln oder eine große Servierschüssel füllen.

☞ Zugedeckt eine Stunde ins Tiefkühlfach stellen.

☞ 20 Minuten vor dem Servieren herausnehmen.

Kaffee-Brotkuchen

ZUTATEN

FÜR 6 PERSONEN
20 Scheiben Weißbrot vom Vortag, ohne Rinde
275 ml Orangensaft
275 ml starker, schwarzer Kaffee
2 große Eier
50 g Zucker
75 g Sultaninen
75 g kandierte Orangenschale (Orangeat)
100 ml Tia Maria
1 TL Zimt, gemahlen
1 TL Allgewürz, gemahlen
Butter zum Einfetten
25 Butter

Elektroherd: 170°; Gas: Stufe 3

ZUBEREITUNG

☞ Das Brot in Orangensaft und Kaffee einweichen und zu einem Brei verrühren.

☞ Die Eidotter schlagen und zu der Brotmasse geben. Zucker, Sultaninen, Orangeat, Tia Maria und die Gewürze einrühren.

☞ Die Eiweiß sehr steif schlagen und unter die Mischung ziehen.

☞ Eine feuerfeste Form (1,5 l) buttern, die Masse hineinfüllen und mit Butterflöckchen bestreuen.

☞ 30 Minuten goldbraun backen.

Kaffee-Aprikosen-Condé

ZUTATEN

FÜR 8 PERSONEN
100 g Milchreis
900 ml Milch
60 g Pulverkaffee
2 EL Gelatinepulver
Saft einer Orange
60 g Zucker
150 ml Sahne, geschlagen
4 Aprikosen, geschält, entsteint, gehackt
100 g Himbeeren
150 ml Sahne, geschlagen
4 Aprikosen, entsteint, in dicke Scheiben geschnitten

ZUBEREITUNG

☞ Reis, Milch und Kaffee in einen Topf geben und zum Kochen bringen. Gelegentlich umrühren. 30 bis 40 Minuten köcheln lassen, bis der Reis weich ist. Falls nötig, noch Milch zugeben. Die Gelatine im Orangensaft über einem heißen Wasserbad auflösen. In den Reis rühren und den Zucker dazugeben. Abkühlen lassen.

☞ In den abgekühlten Reis Sahne und gehackte Aprikosen mischen. In eine gefettete hohe Kuchenform (1,1 l) füllen und kühlen, bis die Masse fest ist.

☞ Auf eine Servierplatte stürzen. Himbeeren um das Dessert legen und auf die Oberseite Sahne spritzen. Mit den restlichen Himbeeren und den Aprikosenscheiben garnieren.

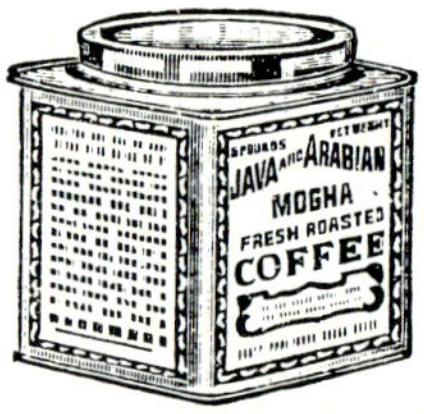

Kaffee-Meringen-Pyramide

ZUTATEN

FÜR 8 — 10 PERSONEN
8 Eiweiß
4 EL Pulverkaffee
450 g Zucker
550 ml Sahne, geschlagen
225 g schwarze Trauben, halbiert und entkernt
225 g weiße Trauben, halbiert und entkernt
100 g Mandelblättchen
Schokoladenkaffeebohnen
Elektroherd: 120°; Gas: Stufe 1/4

ZUBEREITUNG

☞ Ein Backblech mit Pergamentpapier auslegen. Die Eiweiß sehr steif schlagen. Kaffee und Zucker mischen und langsam unter Schlagen unter das Eiweiß geben.
☞ Die Masse in einen Spritzbeutel mit einer Tülle mit Sternöffnung füllen und kleine Meringen (etwa 2,5 cm ∅) auf das Pergamentpapier spritzen.
☞ 2 bis 3 Stunden backen, bis die Meringen ganz trocken sind.
☞ Eine Schicht Meringen ganz dicht nebeneinander auf einen Teller legen, mit einer Schicht Sahne, ein paar Trauben und Mandeln bedecken. Weitere Meringen- und Füllungen darauf arrangieren, bis eine Pyramide entsteht.
☞ Mit Mandeln, Sahne, Trauben und Schokobohnen dekorieren.

Mokka-Bombe

ZUTATEN

FÜR 6 — 8 PERSONEN
SAHNESCHICHT
450 ml Sahne
25 g Vanillezucker
2 EL Vanilleessenz
MOKKAFÜLLUNG
1 Portion Luxus-Mokka-Eiscreme (siehe Seite 91)
KAFFEESAHNE
450 ml Sahne
1 1/2 TL Pulverkaffee, in 1 EL heißem Wasser aufgelöst
1 EL Vanillezucker
50 g geröstete Mandeln

ZUBEREITUNG

☞ Eine Eisbombenform (2 l) stark kühlen. Sahne, Zucker und Essenz steifschlagen. Die Form gleichmäßig damit ausstreichen. Im Tiefkühlfach fest gefrieren lassen.

☞ Die Mokka-Eiskreme in die Form füllen, zudecken und 24 Stunden gefrieren lassen.

☞ Zum Servieren die Form kurz in heißes Wasser tauchen und dann auf einen Teller stürzen.

☞ Sahne, Kaffee und Zucker steifschlagen. Zur Verzierung über die Eisbombe spritzen und mit den gerösteten Mandeln garnieren.

☞ Wieder im Kühlfach hart werden lassen. Servieren.

Kaffee-Vanille-Gelee

ZUTATEN

FÜR 6 PERSONEN
KAFFEE
25 g Vanillezucker
275 ml heißer, starker Kaffee
2 EL Gelatinepulver
3 EL Wasser
VANILLE
1 Eidotter
25 g Vanillezucker
275 ml Milch
Vanilleessenz
2 EL Gelatinepulver
3 EL Wasser

ZUBEREITUNG

☞ Den Vanillezucker in den heißen Kaffee geben. Die Gelatine in Wasser über einem heißen Wasserbad auflösen. Zu der Kaffeemischung geben und gut verrühren, bis die Gelatine wirklich klar ist. Die halbe Menge in eine schön geformte Puddingform (3/4 l) füllen. Fest werden lassen, aber den Rest warmhalten. Eidotter und Zucker verrühren, zu der Milch in einen Topf gießen und alles unter Rühren erhitzen.

☞ Wenn die Mischung dickflüssig wird, die Vanilleessenz dazugeben, abgießen und abkühlen lassen. Die Gelatine in Wasser auflösen und in die Vanillecreme rühren. Die Hälfte dieser Mischung auf die festgewordene Kaffeegelatine gießen. Ruhen lassen, bis die Schicht fest ist. Die Schichten wiederholen.

☞ Im Kühlschrank ganz fest werden lassen und dann auf eine Platte stürzen.

Gebäck

Rechts: Kaffeeschnitten *(Seite 100)*

Kaffeeschnitten

ZUTATEN

ERGIBT 18 STÜCK
100 g Butter
50 g Zucker
100 g Mehl (mit 1/2 TL Backpulver)
1 EL Kaffeessenz
GLASUR
4 EL Puderzucker
1 EL Pulverkaffee
50 g Butter

Elektroherd: 180°; Gas: Stufe 4

ZUBEREITUNG

☞ Butter und Zucker schaumig rühren. Mehl und Kaffeessenz untermischen.

☞ In eine rechteckige flache Kuchenform füllen und 15 bis 20 Minuten backen.

☞ Alle Zutaten zur Glasur in einen Topf füllen. Unter Rühren 2 bis 3 Minuten erhitzen, bis die Masse wie Karamelle aussieht.

☞ Die Masse über den Kuchen gießen. Fest werden lassen und in Scheiben schneiden.

Mokka-Haselnuß-Kuchen

ZUTATEN

FÜR 6 PERSONEN
100 g Haselnüsse, geschält
3 Eiweiß
1 EL Pulverkaffee
100 g Zucker
1 EL weißer Essig
25 g geriebene Schokolade
FÜLLUNG
100 g bittere Schokolade
2 EL Kaffelikör
275 ml Sahne, geschlagen
100 g Schokolade, gerieben

Elektroherd: 100°; Gas: Stufe 1/4

ZUBEREITUNG

☞ Die Haselnüsse im heißen Rohr gut bräunen. In ein Geschirrtuch geben und reiben, bis die dünne Haut entfernt ist. Abkühlen lassen und grob hacken.
☞ Die Eiweiß sehr steif schlagen. Kaffee und 1 EL Zucker vermengen und einrühren. Den restlichen Zucker und den Essig unterziehen. Zum Schluß die Nüsse und geriebene Schokolade hineinrühren.
☞ 2 Backbleche mit Pergamentpapier auslegen. 2 Kreise von 20 cm ∅ darauf zeichnen und die Kuchenmischung darauf verteilen.
☞ 1 3/4 Stunden backen, bis die Meringe ganz trocken ist. Auf einem Rost auskühlen lassen.

FÜLLUNG

☞ Die Schokolade mit dem Kaffeelikör zum Schmelzen bringen. Abkühlen, aber nicht fest werden lassen.
☞ Die Schokolade mit der Sahne mischen. Eine Meringenscheibe damit bestreichen und die andere darüber decken. Mit der geriebenen Schokolade garnieren.

Kaffee-Karotten-Kuchen

ZUTATEN

FÜR 8 — 10 PERSONEN
100 g Butter
175 g Zucker
1 Ei
1/2 TL Mischgewürz
4 EL Marmelade und geriebene Schale einer Orange
2 EL Orangensaft
4 EL starker, schwarzer Kaffee
225 g Karotten, gerieben
50 g Walnüsse
225 g Mehl (mit 1 TL Backpulver)
BELAG
100 g weicher Sahnekäse
50 g Butter
75 g Puderzucker
1 TL Vanilleessenz
Saft einer halben Zitrone
Elektroherd: 180°; Gas: Stufe 4

ZUBEREITUNG

☞ Butter und Zucker schaumig schlagen. Ei, Mischgewürz, Marmelade, Orangenschale, Saft und Kaffee einrühren und gut vermischen. Karotten und Walnüsse im Mehl wälzen und portionsweise in die Mischung einrühren.

☞ Eine Kuchenform (20 cm ∅) einfetten und den Teig einfüllen.

☞ 1 1/2 Stunden backen.

☞ Den Kuchen in der Form eine Stunde auskühlen lassen. Herausnehmen und auf einem Rost ganz erkalten lassen.

☞ Sahnekäse und Butter verrühren. Den Puderzucker langsam einrühren, bis die Masse ziemlich glatt aussieht. Vanille und Zitronensaft dazugeben.

☞ 2/3 der Mischung auf dem Kuchen verstreichen. Den Rest in einen Spritzbeutel füllen und um den oberen Rand des Kuchens kleine Rosetten formen.

Kaffee-Biskuitrolle

ZUTATEN

FÜR 8 PERSONEN
25 g Butter
3 große Eier
75 g Zucker
1 EL Kaffeessenz
75 g Mehl
1 Prise Salz
1 EL heißer, starker Kaffee
75 g angewärmte Kirschmarmelade
150 ml Sahne
1 EL Kaffeelikör
25 g grob geriebene Vollmilchschokolade
Elektroherd: 210°; Gas: Stufe 7

ZUBEREITUNG

☞ Eine Backform (30 x 20 cm) mit gebuttertem Pergamentpapier auslegen.

☞ Eier, Zucker und Kaffeessenz in eine große Schüssel geben und über einem heißen Wasserbad schlagen, bis die Mischung blaßgelb und dickflüssig ist.

☞ Vom Wasserbad nehmen und die Hälfte des Mehls und etwas Salz auf die Eimischung sieben. Mit einem großen Metallöffel gut einrühren.

☞ Mit dem restlichen Mehl ebenso verfahren, dann den heißen Kaffee dazugießen.

☞ Die Mischung rasch in die vorbereitete Form gießen und glattstreichen.

☞ Auf der oberen Schiene des Rohrs etwa 10 Minuten backen, bis der Teig schön aufgegangen ist.

☞ Ein Blatt Pergamentpapier, das mit Zucker getränkt wurde, bereithalten.

☞ Den Biskuitboden aus der Form auf das Papier stürzen und sofort, mit der schmalen Seite beginnend, aufrollen. Die innerste Drehung etwas fester, die nächsten lockerer machen. Mit der offenen Kante nach unten auf einen Rost legen. Mit einem Küchentuch zudecken und auskühlen lassen.

☞ Wenn die Rolle ganz kalt ist, vorsichtig wieder ausrollen, das Papier entfernen und den Kuchen mit Kirschmarmelade bestreichen. Sahne und Likör schlagen, über die Marmelade verteilen und den Biskuitteig wieder vorsichtig aufrollen. Mit Schokolade bestreuen.

Vollkorn-Kaffee-Brot

ZUTATEN

100 g Mehl
100 g Vollkornmehl
35 g brauner Zucker
3 EL Sultaninen
35 g Zitronat und Orangeat, gehackt
2 EL Kaffeessenz
100 g Butter
100 g Maissirup
100 g Zuckersirup
1 TL Backsoda
275 ml starker Kaffee mit Milch
1 Ei, geschlagen
25 g gehackte Haselnüsse
Elektroherd: 180°; Gas: Stufe 4

ZUBEREITUNG

☞ Weißmehl, Vollkornmehl, Zucker, Sultaninen, Zitronat und Orangeat mischen. In einem großen Topf Kaffeessenz, Butter, Maissirup und Zuckersirup erhitzen. In das Mehl geben und gut verrühren.

☞ Das Soda im Milchkaffee auflösen und das Ei einrühren.

☞ Zu der vorbereiteten Mischung geben und alles zu einem weichen Teig verkneten.

☞ Eine Kuchenform (15 x 23 cm) mit Pergamentpapier auslegen, dieses einfetten und den Teig hineinfüllen. Die Haselnüsse darüber streuen.

☞ 40 bis 45 Minuten auf der mittleren Schiene des Rohrs backen, bis der Teig schön aufgegangen ist.

☞ 15 Minuten abkühlen lassen, dann auf einen Rost stürzen und ganz auskühlen lassen. Wenn der Kuchen ganz kalt ist, in eine Folie wickeln, ohne das Pergamentpapier zu entfernen.

Orangen-Kaffee-Gebäck

ZUTATEN

225 g Mehl
1/2 TL Salz
2 EL Zucker
Schale einer Orange
50 g Butter
2 EL Pulverkaffee
150 – 275 ml Buttermilch
12 Zuckerwürfel
150 ml Orangensaft
Elektroherd: 240°; Gas: Stufe 9

ZUBEREITUNG

☞ Mehl, Salz, Zucker und Orangenschale mischen und mit der Butter verrühren, so daß die Masse wie feine Semmelbrösel aussieht.
☞ Das Kaffeepulver in der Buttermilch auflösen und mit der Milch den Teig binden.
☞ Auf einer bemehlten Unterlage aufrollen. Kleine Scheiben ausschneiden und auf ein bemehltes Backblech legen.
☞ Die Zuckerwürfel in den Orangensaft tauchen, und in die Mitte eines jeden Teigstückes einen Würfel pressen.
☞ 10 bis 15 Minuten backen und abkühlen lassen.
☞ Warm servieren. Mit Butter bestreichen.

Kaffee- und Apfel-Päckchen

ZUTATEN

FÜR 4 PERSONEN
350 g Mehl
1 Prise Salz
75 g Zucker
175 g Butter
2 Eier, geschlagen
FÜLLUNG
1 Banane, zerdrückt
2 Ananasringe, fein gehackt
Schale einer Orange
4 Äpfel
SAUCE
25 g Butter
25 g Mehl
150 ml Milch
50 ml kalter, extra starker Kaffee
150 ml Sahne
Elektroherd: 220°; Gas: Stufe 7

ZUBEREITUNG

☞ Mehl, Salz und 50 g Zucker in eine Schüssel sieben. Die Butter einrühren, bis die Mischung bröselig aussieht. Mit den Eiern zu einem festen Teig verkneten.

☞ Bananen, Ananas, den restlichen Zucker und die Orangenschale mischen.

☞ Die Äpfel schälen und entkernen.

☞ Alle Zutaten für die Sauce, bis auf die Sahne, in einen Topf füllen und unter Rühren erhitzen. Wenn die Sauce dick ist, vom Feuer nehmen und mit ein wenig der Sauce die Fruchtfüllung anfeuchten.

☞ Den Teig quadratisch ausrollen und drei Kreise ausschneiden. Jeweils in die Mitte einen Apfel geben und mit der Bananan-Ananas-Mischung füllen.

☞ Die Teigränder mit Wasser bestreichen und den Apfel ganz umhüllen. Die Ränder gut andrücken.

☞ Die Apfelpäckchen mit den Nahtstellen nach unten auf ein Backblech legen und ein kleines Loch in die Mitte stechen. Mit Teigblättchen verzieren.

☞ 30 bis 35 Minuten auf der mittleren Schiene des Rohrs backen.

☞ Die Kaffeesauce langsam erhitzen und die Sahne einrühren. Zu den Äpfel servieren.

Kaffee-Fruchtlaib

ZUTATEN

225 g grobes Mehl
1 TL Salz
1 TL Zucker
1 TL Schweineschmalz
15 g frische Hefe
150 ml lauwarmer, schwarzer Kaffee
50 g Vanilleschote
50 g getrocknete Aprikosen, gehackt
50 g getrocknete Feigen, gehackt
50 g Mandeln, grob gehackt
BELAG
25 g Butter
40 g Mehl
2 EL Vanillezucker
1 EL Pulverkaffee

Elektroherd: 200°; Gas: Stufe 6

ZUBEREITUNG

☞ Mehl, Salz und Zucker in einer Schüssel mischen und das Schweineschmalz einrühren. Die Hefe in den Kaffee geben und mit dem Mehl mischen. Alles zu einem weichen Teig kneten, der sich leicht von der Schüssel löst. Mit leicht eingefetteter Plastikfolie zudecken und an einem warmen Platz stehen lassen, bis der Teig das doppelte Volumen hat.

☞ Eine Kastenform (450 g) mit Pergamentpapier auslegen und einfetten. Zucker, Aprikosen, Feigen und Mandeln in den Teig einkneten, diesen in die Form füllen und wieder mit Folie zudecken.

☞ An einem warmen Platz stehen lassen, bis der Teig die Form ganz ausfüllt.

☞ Belag: Die Butter mit dem Mehl zu einer bröseligen Masse verrühren. Zucker und Kaffee dazugeben und die Mischung auf dem Teig verteilen. 40 bis 45 Minuten backen.

☞ In der Form 10 Minuten abkühlen lassen, dann auf einen Rost stürzen.

☞ Zum Servieren in Scheiben schneiden und mit Butter bestreichen.

Kaffee-Mandel-Schnitten

ZUTATEN

FÜR 10 PERSONEN
TEIG
100 g Butter
100 g Zucker
2 Eier
100 g Mehl
1 EL Backpulver
50 g gemahlene Mandeln
2 Tropfen Mandelessenz
1 EL Wasser
SAHNE UND GARNIERUNG
25 g Vollmilchschokolade
275 ml Sahne
4 TL Pulverkaffee, in 1 EL heißem Wasser aufgelöst
45 g Puderzucker
50 g Schokoladenstreusel
Elektroherd: 180°; Gas: Stufe 4

ZUBEREITUNG

☞ Eine Kuchenform (18 x 28 cm) mit Pergamentpapier belegen und einfetten.
☞ Alle Teigzutaten in eine Schüssel geben. Zu einem glatten Teig verrühren.
☞ Den Teig in die Form füllen. 25 bis 30 Minuten backen, bis er fest ist. Auf eine Kuchenplatte stürzen, vor dem Auskühlen das Papier entfernen.
☞ Die Schokolade schmelzen und warmhalten. Die Sahne mit dem aufgelösten Kaffee und dem Puderzucker schlagen. Nicht zu steif werden lassen.
☞ Die Kanten des Kuchens gerade schneiden und den Kuchen in drei gleich große Stücke teilen.
☞ Auf ein Stück eine Schicht Sahne streichen, das zweite Stück darüberlegen und wieder mit Sahne bestreichen. Mit dem dritten Stück bedecken.
☞ Die Seiten mit Sahne bestreichen und mit den Schokoladenstreuseln bestreuen. Die restliche Sahne auf dem Kuchen verteilen. Die Schokolade in einen Spritzbeutel füllen und gerade feine Linien längs auf den Kuchen spritzen. Mit einem Messer rückwärts und vorwärts über die Schokolinien fahren, daß ein Zickzackmuster entsteht. Den Kuchen mindestens eine Stunde kühlen, dann servieren.

Kaffee-Makronen

ZUTATEN

Reispapier
100 g gemahlene Mandeln
150 g Zucker
2 Eiweiß
1 EL Speisestärke
1/4 TL Vanilleessenz
1 EL Kaffeessenz
12 Schokoladenkaffeebohnen
Elektroherd: 190°; Gas: Stufe 5

ZUBEREITUNG

☞ Zwei oder drei Backbleche mit Reispapier belegen. Mandeln, Zucker und Eiweiß (bis auf 1 EL) vermischen. Alle Zutaten sollen gleichmäßig vermengt sein. Speisestärke, Vanille- und Kaffeessenz einrühren.

☞ In einen Spritzbeutel mit glatter Tülle (1,2 cm ∅) füllen. Die Masse auf das Reispapier in großen runden Kreisen spritzen. Auf jede Makrone eine Schokoladenbohne setzen. Mit dem restlichen Eiweiß bestreichen.

☞ Die Makronen 15 Minuten backen, bis sie hellbraun, aufgegangen und knusprig sind.

☞ Das Reispapier auf die Größe der Makronen zuschneiden. Diese auf einem Rost auskühlen lassen.

Kaffeeknoten

ZUTATEN

FÜR 8 — 10 PERSONEN

15 g frische Hefe
60 ml lauwarmer, starker Kaffee mit Milch
1 TL Vanillezucker
225 g grobes weißes Mehl
1/2 TL Salz
25 g Butter
1 Ei, geschlagen
Pflanzenöl zum Fritieren
1 TL Zucker
1 TL Kakaopulver

ZUBEREITUNG

☞ Die Hefe mit Kaffee und Zucker verrühren. An einem warmen Platz stehen lassen, bis die Hefe schaumig ist.

☞ Mehl und Salz in eine große Schüssel sieben und die Butter einrühren. Das Ei und die Hefe zu den trockenen Zutaten geben und 15 Minuten schlagen.

☞ Den Teig in 8 bis 10 Portionen teilen und eine je 18 cm lange Rolle formen. Jede Rolle zu einem Knoten binden.

☞ Das Öl auf 180° erhitzen und die Teigknoten 5 bis 10 Minuten goldbraun fritieren.

☞ Auf Küchentüchern abtropfen lassen. Zucker und Kakao mischen und die warmen Knoten darin wenden.

Sweetheart-Plätzchen

ZUTATEN

FÜR 10 — 12 PERSONEN
100 g Butter
100 g Zucker
2 EL Kaffeessenz
1 Ei
275 g Mehl
DEKORATION
100 g Puderzucker, gesiebt
1 — 2 EL warmes Wasser
ein paar Tropfen rote Speisefarbe
rosa und cremefarbene Bänder, 12 mm breit
Elektroherd: 180°; Gas: Stufe 4

ZUBEREITUNG

☞ Butter und Zucker schaumig rühren. Das Ei und die Kaffeessenz einrühren und gut vermengen.

☞ Das Mehl unterziehen und den Teig auf eine Unterlage geben, die mit Puderzucker bestreut ist.

☞ Den Teig vorsichtig kneten und 6 mm dick ausrollen. Herzformen ausschneiden und in der Mitte jeweils ein kleineres Herz ausschneiden, damit das Band durchgezogen werden kann.

☞ Die Herzen auf ein Blech legen und etwa 15 Minuten backen. Auskühlen lassen.

☞ Die Zutaten für die Dekoration in eine Schüssel geben und zu einer glatten Mischung verrühren. In einen Spritzbeutel füllen (feine, glatte Tülle) und die innere und die äußere Kante der Herzen nachziehen.

☞ Trocknen lassen, die Herzen auf die Bänder fädeln und diese zusammenknoten.

Kaffee-Orangen-Soufflé

ZUTATEN

FÜR 6 PERSONEN
6 große Orangen mit dicker Schale
3 Eier, getrennt
100 g Zucker
1 EL Pulverkaffee
2 EL Speisestärke
1 EL Cointreau
Elektroherd: 220°; Gas: Stufe 7

ZUBEREITUNG

☞ Mit einem scharfen Messer einen Deckel oben von den Orangen abschneiden und unten eine dünne Scheibe wegschneiden, damit die Orangen stehen.

☞ Mit einem Teelöffel oder einem Grapefruitmesser das Fruchtfleisch herausholen. Den Saft auspressen und das Fruchtfleisch durch ein Sieb streichen.

☞ Eidotter, Zucker, Kaffee und Stärke mischen. Mit dem Orangensaft verdünnen. Den Topf auf den Herd stellen und die Mischung bei niedriger Hitze unter Rühren zum Kochen bringen. Wenn die Sauce dickflüssig wird, vom Feuer nehmen und den Cointreau einrühren. Zudecken und abkühlen lassen.

☞ 30 Minuten vor dem Servieren die Eiweiß steifschlagen und vorsichtig unter die Kaffeemischung ziehen.

☞ Die Füllung in die Orangenschalen füllen, bis diese ganz voll sind.

☞ In eine feuerfeste Form geben und 10 bis 15 Minuten backen, bis die Füllung aufgegangen und fest ist.

☞ Sofort servieren.

Kleine Kaffee-Obsttörtchen

ZUTATEN

FÜR 8 PERSONEN
KUCHENBÖDEN
100 g Butter
100 g Vanillezucker
2 Eier
geriebene Schale einer Zitrone
100 g Mehl
1 TL Backpulver
1 EL Pulverkaffee
FÜLLUNG
225 gemischte Früchte, z.B. Pfirsiche, Aprikosen, weiße Trauben, Erdbeeren etc.
GLASUR
2 EL Gelatinepulver
150 ml Orangensaft
Elektroherd: 190°; Gas: Stufe 5

ZUBEREITUNG

☞ Butter und Vanillezucker schaumig rühren. Langsam Eier und Zitronenschale einrühren. Mehl, Backpulver und Kaffeepulver gemeinsam durchsieben und mit einem Metallöffel unter die Buttermasse heben.

☞ 8 kleine Backformen einfetten und die Teigmischung auf die Förmchen verteilen.

☞ 15 Minuten backen, bis der Teig ganz durch ist.

☞ Aus den Formen nehmen und auf einem Rost auskühlen lassen.

☞ Die Früchte halbieren oder in Scheiben schneiden und die Kuchenböden damit füllen.

☞ Die Gelatine in 2 EL Saft erhitzen und auflösen, den restlichen Saft dazugießen.

☞ Abkühlen, aber nicht fest werden lassen.

☞ Mit einem Löffel über die Früchte verteilen und fest werden lassen.

HINWEIS Eine extravagante Version dieses Desserts erhält man, wenn die Kuchenböden mit einem Likör getränkt werden. Gesüßte Schlagsahne dazu servieren.

Süßigkeiten

Rechts: Kaffee-Mallows
(Seite 116)

Kaffee-Mallows

ZUTATEN

450 g Zucker
2 EL Maissirup
150 ml Wasser
2 EL Gelatinepulver
150 ml starker, italienischer Kaffee
2 Eiweiß
Vanilleessenz
Puderzucker
Speisestärke

ZUBEREITUNG

☞ Zucker, Sirup und Wasser in einen großen schweren Topf geben. Unter Rühren zum Kochen bringen. Während diese Mischung köchelt, die Gelatine im Kaffee auflösen.

☞ Den Sirup vom Feuer nehmen und langsam die Gelatine einrühren.

☞ Die Eiweiß schaumig schlagen und in dünnem Strahl auf den heißen Sirup gießen. Ständig rühren.

☞ Ein paar Tropfen Vanilleessenz dazugeben und weiter rühren, bis die Mischung steif und dick ist.

☞ In eine quadratische Springform (25 x 25 cm) füllen, die mit Pergamentpapier ausgelegt ist.

☞ Über Nacht ohne Deckel stehen lassen. Prüfen, ob das Kaffee-Mallow ganz fest ist, bevor man es aus der Form nimmt und in Quadrate schneidet.

☞ Jedes Stück in einer Mischung aus 1 Teil Speisestärke und 2 Teilen Puderzucker wälzen.

☞ Mit einem Teigrad kann man die Mallows auch rund schneiden. Man sollte das Messer nur nach jedem Schneiden in die Stärke-Zucker-Mischung tauchen, damit es nicht klebrig wird.

Kaffee-Trüffel

ZUTATEN

ERGIBT 18 — 24 Stück
100 g Vollmilchschokolade
4 EL Butter
100 g Puderzucker
100 g Kaffeekuchen, zerbröselt
1 Eidotter
1 TL Crème de Cacao
Schokoladenstreusel

ZUBEREITUNG

☞ Schokolade und Butter in eine Schüssel geben und über einem heißen Wasserbad zum Schmelzen bringen.
☞ Vom Wasserbad nehmen und die restlichen Zutaten, bis auf die Schokoladenstreusel, einrühren.
☞ Im Kühlschrank kalt werden lassen, bis die Masse fest genug ist, um geformt zu werden. Walnußgroße Kugeln rollen und diese in den Schokoladenstreuseln wälzen.
☞ Die Kugeln auf Pergamentpapier ganz fest werden lassen und in kleine Papierformen geben.

Java-Marmelade

ZUTATEN

ERGIBT 1 KG
450 g Bananen, in Scheiben geschnitten
550 ml Orangensaft
550 ml gesüßter, schwarzer Kaffee
275 g weicher, brauner Zucker
50 g Vanillezucker

ZUBEREITUNG

☞ Alle Zutaten in einen Topf geben und zum Kochen bringen. Die Hitze reduzieren und die Mischung weiter kochen, bis sie weich und dickflüssig ist.

☞ Häufig umrühren, damit die Marmelade nicht anbrennt. In sterilisierte Gläser füllen.

Kokoskonfekt

ZUTATEN

ERGIBT 18 — 24 Stück
450 g Zucker
150 ml Milch
150 g Kokosraspeln
30 ml Kaffee-Essenz

ZUBEREITUNG

☞ Zucker und Milch in einen großen, schweren Topf geben und langsam erhitzen, bis sich der Zucker aufgelöst hat.
☞ 10 bis 15 Minuten kochen. Wenn man etwas von der Mischung in kaltes Wasser tropfen läßt, sollte sie sich zu einer weichen Kugel formen.
☞ Vom Feuer nehmen und die Kokosraspeln einrühren. Die Hälfte in eine Springform (15 x 15 cm) füllen.
☞ Die Kaffee-Essenz rasch in die restliche Masse einrühren und in die Backform gießen.
☞ Die Oberfläche glattstreichen. Wenn die Masse halb fest ist, Vierecke oder Riegel markieren.
☞ Aus der Form nehmen, wenn alles fest ist.

Kaffee-Minze-Makronen

ZUTATEN

ERGIBT 550 G
450 g Zucker
100 g Traubenzuckerpulver
150 ml Wasser
175 g Kokosraspeln
2 EL Kaffeessenz
25 g Pfefferminzschokolade, grob gerieben

ZUBEREITUNG

☞ Zucker, Traubenzucker und Wasser in einen großen Topf geben und zum Kochen bringen.
☞ Vom Feuer nehmen und Kokosraspeln, Kaffeessenz und Pfefferminzschokolade einrühren.
☞ Mit einem Löffel in kleinen Häufchen auf Pergamentpapier setzen und fest werden lassen.
☞ In kleinen Papierformen servieren.

Mokka-Becher

ZUTATEN

ERGIBT 18—20 STÜCK
100 g Vollmilchschokolade
150 g Kochschokolade
60 ml starker, italienischer Kaffee
50 g Butter, weich
2 Eidotter
Rum nach Geschmack
Scheiben gebrannter Mandeln

ZUBEREITUNG

☞ Die Milchschokolade schmelzen. Teelöffelweise in Pralinenförmchen geben und diese schwenken, bis sie innen ganz mit Schokolade bedeckt sind. Fest werden lassen.

☞ Das Papier von den Schokoladenformen ablösen. Die Kochschokolade schmelzen und mit dem Kaffee verrühren. Abkühlen lassen.

☞ Butter und Eidotter dazugeben und schlagen. Rum nach Geschmack einrühren.

☞ Diese Mokka-Masse in die Schokobecher spritzen oder löffeln und mit einer Mandelscheibe garnieren.

Edle Pflaumen

ZUTATEN

450 g brauner Zucker
100 ml kalter Kaffee
450 g Pflaumen, entsteint
400 ml Kahlua oder Crème de Cacao
100 ml Wodka

ZUBEREITUNG

☞ Zucker und Kaffee in einen mittelgroßen, schweren Topf geben. Unter Rühren zum Kochen bringen. Die Hitze reduzieren und 5 Minuten köcheln lassen.

☞ Die Pflaumen in den Topf geben und 40 Minuten mitköcheln. Herausnehmen und in sterilisierte Gläser füllen.

☞ Kahlua oder Crème de Cacao mit Wodka mischen und die Gläser zur Hälfte damit auffüllen. Den Sirup aus dem Topf darauf gießen und die Gläser fest verschließen.

Kaffee-Konfekt

ZUTATEN

ERGIBT 24 STÜCK
1 Ei, getrennt
450 g Puderzucker
30 ml Kaffeessenz oder extra starker Instantkaffee

ZUBEREITUNG

☞ Das Eiweiß schaumig, aber nicht steif schlagen. Den Puderzucker in eine Schüssel sieben und mit soviel Eiweiß mischen, daß eine feste Paste entsteht.
☞ Die Kaffeessenz dazugeben und alles verkneten. Eine Unterlage mit Puderzucker bestreuen, die Paste ausrollen und kleine Kreise ausschneiden.
☞ Auf Wachspapier legen und über Nacht fest werden lassen.

Kaffee-Nougat

ZUTATEN

ERGIBT 675 G
100 g ganze Haselnüsse, geröstet
50 g Orangeat
50 g kandierte Kirschen verschiedener Farben
450 g Zucker
225 g Traubenzucker
150 ml Wasser
2 Eiweiß
30 ml Kaffeessenz
Reispapier

ZUBEREITUNG

☞ Die Haselnüsse, kandierten Kirschen und das Orangeat grob hacken. In einem großen, schweren Topf Zucker, Traubenzucker und Wasser langsam erhitzen, bis sich der Zucker aufgelöst hat, dann zum Kochen bringen. Das Eiweiß in einer Schüssel sehr steif schlagen und langsam den Zuckersirup dazugießen. Schlagen, bis die Mischung dickflüssig wird. Das kann bis zu 30 Minuten dauern, ist aber notwendig, wenn das Nougat fest werden soll.

☞ Kaffeessenz, Nüsse, kandierte Kirschen und Orangeat zugeben und alles gut vermischen.

☞ Eine quadratische Backform (18 cm) mit Reispapier auslegen und die Nougatmasse hineinfüllen. Mit einem weiteren Blatt Reispapier zudecken. Mit einem Gewicht beschweren.

☞ 12 Stunden stehen lassen. Aus der Form nehmen und in kleine Quadrate zerschneiden.

Kaffee-Karamellen

ZUTATEN

ERGIBT 18 — 24 STÜCK
225 g Butter
900 g Zucker
450 ml Kondensmilch
100 ml Wasser
100 ml starker Kaffee
50 g Rosinen, gehackt

ZUBEREITUNG

☞ Alle Zutaten, bis auf die Rosinen, in einen großen, schweren Topf füllen. Bei niedriger Hitze rühren, bis der Zucker sich aufgelöst hat.

☞ Zum Kochen bringen und unter Rühren weiter kochen lassen, bis ein Teelöffel dieser Masse, in eine Tasse mit Wasser getropft, eine weiche Kugel formt.

☞ Vom Feuer nehmen, den Topfboden in kaltes Wasser tauchen und 5 Minuten darin lassen. Mit einem Holzlöffel rühren, bis die Masse den Glanz verliert und körnig aussieht, dickflüssig wird und zäh aus dem Topf fließt.

☞ Die Rosinen rasch einrühren und die Masse in eine eingefettete Form (30 x 15 cm) füllen. Stehen lassen, bis die Masse kalt und fest ist. Herausnehmen und in Quadrate schneiden.

☞ In Wachspapier einwickeln.

L

M

N

O

P

Q

R

S